D0837569

Sacrées vacances

Ted Stanger

Sacrées vacances

une obsession française

Flammarion

© Éditions Flammarion, Paris, 2010.
ISBN : 978-2-0812-4102-2

« Je ne veux pas travailler. »

Pink Martini

1

Au pays des hyper-vacances

écembre 2008, les Israéliens lancent une offensive contre Gaza. Avec son élan habituel, Nicolas Sarkozy promet que la France se mobilisera pour restaurer la paix. Il attend cependant le lundi 5 janvier avant d'intervenir, soit neuf jours après le début des hostilités. Pourquoi ?

Les vacances, pardi !

« L'urgence, c'est de faire cesser les violences », déclare le chef de l'État de retour des plages du Brésil. Nulle trace d'ironie dans ces propos. Pourtant 635 Palestiniens ont été tués pendant son repos. Personne, y compris dans l'opposition, ne critique le président.

La France n'est pas seulement le pays de l'hyper-présidence, elle est celui des hyper-vacances. Rien que de très normal donc : le repos passe avant la guerre et la paix.

Le monde entier hésite entre l'admiration et l'incrédulité devant ce phénomène unique en son genre : comment un pays si féru de farniente parvient-il à conserver sa place parmi les plus grandes puissances économiques de la planète ? Serait-ce que les Français forment une race à part ?

L'anecdote est typique : une jeune banquière parisienne en voyage d'affaires à New York révèle à ses collègues du

Nouveau Monde qu'elle jouit de 50 jours de vacances par an. « Vous travaillez à temps partiel ? » réagit l'un des Américains, stupéfait. Pas du tout ! Toute la différence est là. Un vrai choc culturel. Autant le rêve des Américains est de s'enrichir par le travail, autant le *french dream* est de devenir millionnaire – du loisir.

Ne rions pas, car la tâche est rude. Pour ne rien perdre de son capital de vacances, le citoyen français est tenu à une vigilance de tous les instants, car chaque jour non travaillé a été acquis à la sueur de son front au point qu'il a la valeur d'un objet sacré. Le Français se prive des vacances comme l'Américain se prive de voiture – autant dire très rarement –, et il est plus facile d'arracher son colt à l'un de nos cow-boys des Grandes Plaines que de supprimer son lundi de Pentecôte à un fonctionnaire de la République laïque. Et le travail dominical ? Le seul rapprochement de ces deux mots fait froid dans le dos des Gaulois.

Alors ? Les Français sont-ils un peu tire-au-flanc mais super astucieux, ou simplement obsédés par l'idée d'en faire le moins possible ? Les deux, mon général !

Car il est peu de joies terrestres qui peuvent rivaliser à leurs yeux avec le plaisir suprême qui consiste à arrêter de bosser. Cesser le turbin, partir, voilà ce qui semble l'unique consolation pour les légions d'éternels insatisfaits qui peuplent le doux pays de France : les interdits de stade, les nonistes, les perdants du mercato, les fusionnés de l'ANPE et l'Unedic, les actionnaires d'Eurotunnel, les collés de première année de médecine... Moroses, déçus ou déprimés, les Français retrouvent un moral dopé à l'approche des vacances, comme face à un cocktail enivrant de Prozac et de vitamine B qui permettrait de tout oublier, tout oser.

Les vacances sont sans doute le lien social le plus solide qui unit les Français et qui s'affiche dans tout l'Hexagone, à tous les coins de rue, sur le moindre panneau annonçant la fermeture annuelle d'un magasin. « Youpi, enfin les congés annuels ! Bon repos à vous ! » me lance mon fromager préféré rue Saint-Jacques, lui dont le sourire est si pincé en temps normal.

Eh oui ! La France a peut-être offert au monde les droits de l'homme, la liberté, l'égalité et la fraternité, une certaine idée de la civilisation, elle marquera aussi l'histoire comme la nation qui a su sacraliser l'idée de loisir. Aucun pays ne peut prétendre rivaliser avec elle de ce point de vue. Ou plutôt si, le pays des Ottomans. Car ceux-ci ont laissé à l'humanité les doux mots et les suaves choses que sont le sofa, le divan, le kiosque, le café et le kaftan. Les Gaulois, eux, lègueront aux générations futures les termes de juilletistes, aoûtiens, ponts, viaducs, RTT (prononcez « reuteuteu » s'il vous plaît), flexibilité du temps de travail et autres expressions à l'élégance irrésistible, dont la traduction est de toutes façons impossible car ils correspondent à une réalité qu'on ne trouve nulle part ailleurs.

Toutes les statistiques le confirment, et nul ne peut contester aux enfants de Vercingétorix une double médaille : les Français sont les vacanciers les plus assidus du monde sur le continent où l'on travaille déjà le moins. La France totalise ainsi 37 jours de congés annuels, l'Espagne 30, l'Allemagne 26. Les États-Unis 14. Et cela, sans compter les fameux arrêts-maladie ! En une année, un Gaulois travaille 1 346 heures, quand on en travaille 1 777 outre-Atlantique et 2 390 en Corée du Sud. Certes, me direz-vous, les Néerlandais, drogués du temps partiel (et de la fumette), battent le record français avec 1 309 heures de travail par an. Que nenni ! Si vous tenez compte de la carrière professionnelle des Français qui s'achève plus tôt, les Hollandais sont largement dépassés.

La France est la terre des vacances par excellence. Même vos exilés de l'ISF rentrent au pays pour en jouir en été. Lever le pied, travailler moins ne fait honte à personne. Les présentateurs des JT ne travaillent que quatre soirs par semaine, mais ils sont payés pour cinq. Aux yeux des politiques, les meilleurs emplois, notamment ceux de l'hôtel de ville de Paris, sont les emplois fictifs. Le bronzage, si décrié par le corps médical, ne fait peur qu'à 22 % de la population, et la rentrée est la seule période de l'année où les gosses de riches ont la même couleur de peau que leurs nounous d'origine africaine autour du bac à sable du jardin du Luxembourg à Paris. Même l'effondrement du terminal 2-E de Roissy n'a pas ralenti le rythme des départs vers un ailleurs exotique et choc.

Les hommes politiques français sont les premiers à montrer l'exemple. Un élu qui ne part pas, c'est aussi rare qu'un week-end de deux jours en mai, car depuis 1936 et le Front pop', le repos est un acte citoyen. Un DSK ou un Villepin peuvent afficher un teint de plagiste toute l'année, personne n'y verra le moindre signe d'élitisme ni de dilettantisme. Au contraire, et dans tous les domaines, c'est plutôt le non-vacancier qui sème le trouble, quand il ne récolte pas la tempête. Ainsi vit-on récemment les collègues du trader Jérôme Kerviel avouer qu'ils le soupçonnaient de drôles de mœurs car le jeune homme ne partait jamais en vacances. Il y avait forcément anguille sous roche, non ?

Et que dire des grands humanistes du corps médical ? En août, en France, il est plus facile de démontrer le théorème de Fermat que de trouver un généraliste. Le terrain est intégralement confié aux urgentistes. De même, les assistants sociaux abandonnent allègrement les SDF, les roms et les sans-papiers pour aller se faire bronzer la pilule, tout comme les psychothérapeutes délaissent sans vergogne leurs patients. Faut-il y voir une des causes de l'augmentation remarquable du nombre de suicides en été (notamment à Paris) ?

Mais que dis-je ? Le mois d'août ? C'est rien, car il n'y a plus de saison pour le repos. Allez fouiner chez Gibert, la vieille librairie du Quartier Latin à Paris : le rayon des guides touristiques et des cartes du monde occupe un étage entier, et l'on s'y bouscule toute l'année, le 15 janvier comme le 13 juillet, car la ferveur vacancière ne tolère aucune trêve hivernale. À peine les séjours à Chamonix ou aux Comores finis, *Le Parisien* pouvait récemment titrer sa une : « Il est temps de préparer les grandes vacances. » On n'était que le 21 mars, bon sang !

Tous, rédacteurs en chef, rois du marketing et princes de la pub le savent, les Français ne sont pas comme les autres dans ce domaine. Aux États-Unis et en Angleterre, la campagne publicitaire qui vantait les avantages du logiciel Windows Portable avait choisi le slogan : « Installez Windows dans votre portable pour en faire plus ! ». Ravageur dans les pays anglo-saxons, le slogan fut jugé inapproprié pour le marché français car il aurait constitué un appel, criminel, au travail. À l'inverse, une pub pour les voitures Ford passa très bien en France il y a peu. On y voyait un couple qui se demandait quelle était l'activité à laquelle chacun s'astreignait tous les matins ? « Ah oui, le travail ! » répondait madame. « Avec Ford, vous partirez en vacances plus longtemps ! » enchaînait l'annonceur.

Les publicitaires avisés ne sont pas les seuls à savoir exploiter le filon. Tout le monde s'y est mis, y compris les éditeurs, même les plus germano-pratins. Le site

Amazon.fr compte ainsi plus de 5 000 ouvrages comportant le terme « vacances » dans le titre, un chiffre révélant une production qui bat à plates coutures celle des fromages français. Sans oublier les artisans, les malletiers les plus raffinés du monde, Vuitton, Goyard et Hermès, qui permettent d'aller se délasser avec des bagages d'une distinction hors pair.

Ceci dit, au-delà de notre regard légèrement interloqué, une question se pose : jusqu'où la France pourra-t-elle aller dans cette exigence de temps de loisir ? Cette quête ne plombe-t-elle pas une économie dont les résultats sont anémiques depuis trois décennies au moins, et qui, aux dires de certains, serait en sérieux état de déclin ? Ou serait-elle un signe de génie, une manière de réplique à la main invisible d'Adam Smith et la clé de l'essor du pays ?

Le repos n'étant pas l'objet d'une science exacte, les universitaires et les économistes français demeurent plutôt discrets sur la question – quand ils osent la poser. En France, la moindre activité a beau être analysée, jugée, commentée, contestée, les vacances conservent un statut à part. Elles ne souffrent pas les Cassandre.

Pourtant cette tradition de trêve estivale se révèle désastreuse pour la défense nationale, et depuis longtemps. Rappelez-vous un certain mois d'août. Un agresseur venu du Nord se préparait minutieusement tandis qu'en France le travail s'arrêtait et la population se reposait. Ce fut une gifle magistrale : la déroute d'Azincourt, en 1415, où les Français plièrent devant les Anglais.

Vous pensiez à une autre guerre ?

2
Ensemble, c'est tout

Grand géographe et biologiste reconnu, l'Américain Jared Diamond a écrit plusieurs ouvrages dans lesquels il explique un étrange phénomène : la tendance mystérieuse de certaines civilisations à programmer leur propre fin. Les Chinois auraient ainsi refusé les sciences, les Ottomans décliné l'imprimerie, et les Mayas auraient été victimes de la déforestation. Jared Diamond est un scientifique sérieux et, si son analyse se confirme, il y a fort à parier que le royaume des Francs risque de courir à sa perte à cause d'une faille fondamentale : l'incapacité de ses sujets à louer des maisons de vacances autrement que d'un samedi à un samedi et hors des périodes scolaires.

Parmi toutes les missions de modernisation que s'est données la République au cours des dernières décennies, trois d'entre elles sont toujours en chantier : l'abolition de la pauvreté, l'égalité des femmes et... l'étalement des vacances. Pourtant, les hauts fonctionnaires gaulois ont bien cru avoir triomphé il y a quelques années.

C'était en 1978. Roger Gicquel, présentateur à la mine grave, annonça très solennellement : « La Régie Renault étalera ses vacances sur deux mois. » Incroyable percée !

Prudent, l'homme ajouta aussitôt que cette décision pourrait mener droit à un conflit social, car la CGT n'accepterait jamais que les travailleurs soient obligés de prendre leurs vacances en juillet.

Peine perdue dans les deux sens, hélas ! Car la nouvelle ère d'« étalement » annoncée n'a jamais permis de débloquer la période estivale. Au contraire, la France contemporaine demeure un pays grippé non plus un, mais deux mois en été.

De guerre lasse, même le pouvoir semble avoir abandonné ce vieux rêve de répartition des vacances, en faisant sienne la philosophie du vacancier de base : l'étalement, c'est bon pour les autres. Le président, le Premier ministre et tout son cabinet prennent systématiquement leurs congés en août. Vous parlez d'un exemple ! L'aménagement du territoire tel qu'il est mené par les brillants sujets diplômés des grandes écoles consiste donc à expédier un maximum de Français tirer la chasse d'eau là où sévit la plus grande sécheresse estivale : sur la côte d'Azur.

De même, Bison Futé a beau prévenir toutes les veilles de grand départ que des embouteillages massifs sont à prévoir dès le vendredi soir, et qu'il vaut mieux attendre le dimanche matin pour partir, les bouchons se comptent par centaines de kilomètres sur les autoroutes de France, et l'essence gaspillée par tous ces moteurs qui tournent au ralenti représente quelques millions de tonneaux de Château Abu-Dhabi. Les Français sont têtus, et il n'y a que chez eux qu'un présentateur (Julien Arnaud sur TF1, pour ne pas le citer) ose parler de « soulagement dans les milieux officiels » quand un long week-end ne provoque « que » 605 kilomètres de bouchons, le record étant de 866 kilomètres.

Vu par un Américain, il faut bien avouer que ces rites semblent aussi bizarres que ceux des croyants philippins qui se flagellent et se crucifient pour célébrer la naissance de leur sauveur. Comment expliquer que des êtres rationnels, enfants de Rousseau et Voltaire, supportent de rester pare-chocs contre pare-chocs sur une autoroute transformée en un vaste parking et sous un soleil qui tape ? Pourquoi acceptent-ils aussi benoîtement cette transhumance obligée qui dure plus longtemps que le dépouillement des votes de l'Eurovision ?

« On le savait », répond une mère de famille interrogée par un journaliste de la télévision sur une aire de repos de l'A7. Elle n'a pourtant rien d'une déficiente mentale, cette gentille dame. Derrière elle, une foule d'automobilistes surchauffés et exténués sont allongés sur l'herbe. À sa gauche, on aperçoit une ambulance du Samu venue soulager un passager au bord de l'évanouissement. La scène ressemble au *Radeau de la Méduse,* version cauchemar contemporain revu par Tati. Finalement, la mère de famille se résigne à admettre qu'elle et son mari comptaient mettre toute la journée et une partie de la soirée pour traverser la vallée du Rhône, mais que voulez-vous, on n'y peut rien...

En effet. Car même les médias semblent considérer ces grands départs de moutons de Panurge comme un tsunami auquel on est en droit de consacrer la moitié du JT. Une Claire Chazal n'hésitera pas à envoyer un correspondant au péage de Fleury-en-Bière comme on expédie un grand reporter sur le front à Bagdad ou à Kaboul, où il ne se passe pas grand-chose, justement. « Nous recommandons aux automobilistes de se reposer toutes les deux heures, et de préférence, de partir le dimanche », ajoute la blonde cathodique qui rassure tant de Français. Merci,

Claire. Du reste, le message sera répété *ad nauseam* pendant tout l'été.

Croyez-moi, j'ai moi-même été témoin du phénomène, avec mon vieux copain Jean-Paul, qui chaque été prend ses vacances à Quiberon. Cet attachement serait-il le signe d'une prédisposition génétique gauloise ? Pourtant, mon vieux pote est loin d'être un « veau », comme disait le général de Gaulle.

Peu importe, tous les ans au mois d'avril, quand vient le temps de planifier les vacances d'été, son épouse Muriel propose une variante : l'Italie pour ses musées, l'Écosse pour ses paysages authentiques, ou même Palavas-les-Flots, mais, par pitié, tout sauf Quiberon ! Époux modèle, Jean-Paul écoute attentivement sa dulcinée, et plusieurs dîners seront consacrés à rêver et examiner les différentes destinations possibles : Venise, Rhodes, Saint-Sébastien, Oslo et les fjords norvégiens... Encouragée, amoureuse comme à 20 ans, Muriel va même acheter plusieurs guides en librairie.

Las ! Chaque année, à la fin du mois de mai et avec la fiabilité d'une horloge suisse, Jean-Paul tranche – en faveur de Quiberon. Et la pauvre Muriel de fixer la date du départ. Muriel craque, se laisse aller à une scène de ménage ; les casseroles valsent et les vitres vibrent. Au bord de la crise de nerfs elle m'appelle, moi, le gentil Yankee, afin que je conseille à son mari d'éviter le dernier samedi du mois de juillet, signalé comme noir de chez noir par Bison Futé. Jean-Paul fait mine de m'écouter, il est sympa, mais coriace. Chaque année, immanquablement, il part à neuf heures du matin le dernier samedi de juillet pour arriver à destination douze heures plus tard. Un trajet qui prend normalement cinq heures.

Bonne patte, une année, j'ai proposé à Muriel de tenir compagnie à son mari le samedi pour que celui-ci remette le départ au lendemain, comme un soutien à un copain qui serait un peu porté sur la bibine. Rien n'y fit. Passé le coup de 9 heures, la main de Jean-Paul se mit à trembler, il cherchait fébrilement les clefs de sa voiture tandis que les traits de son visage se figeaient. On aurait dit une métamorphose en loup-garou à la pleine lune. L'homme obéissait à une pulsion plus forte que lui. Je crus voir des poils pousser sur ses joues et des griffes prendre la place de ses ongles, quand soudain mon vieux copain me fusilla du regard. Je reculai d'un pas, il prit ses valises, saisit sa femme et partit sur-le-champ.

Après les vacances, je demandai quand même à Jean-Paul une explication justifiant cette pulsion de mort qui consiste à partir au même moment que tous les moutons de France et de Navarre. « S'il y a autant de monde sur les routes le samedi matin, c'est que c'est le meilleur moment pour partir », me dit-il sur le ton que l'on réserve aux enfants à qui on explique les usages de ce vaste monde.

Fichtre ! Je n'avais jamais pensé à envisager les choses sous cet angle-là...

Hasard total, dans les jours qui suivirent, Éric Besson lança une grande réflexion sur l'identité nationale. J'eus une brusque illumination sur la France, cet étrange pays pour qui l'égalité est une des trois valeurs républicaines sacrées. Qui sait si Bison Futé n'est pas assez pervers pour préférer indiquer aux Français le moment CITOYEN de partir plutôt que les plages horaires qu'il vaut mieux éviter ? Et si les départs en vacances étaient une immense déclaration de fraternité entre Gaulois, de même que le déjeuner obligatoire à 13 heures ou l'approbation d'une grève qui vous oblige à poireauter trois heures sur un quai de gare ? Ne serait-ce pas là l'une des plus belles preuves du lien social existant entre tous les citoyens français ? Sans oublier un petit coté *people*. Car se retrouver bloqué avec tout le monde sur l'A6, pour certains, c'est avoir sa place assurée au JT, comme faire la queue le premier jour de la FIAC ou s'entasser dans un restaurant dont le *Nouvel Obs* a fait l'éloge dans la semaine.

Et que dire de la fierté de Pierre-Henri Gourgeon, directeur général d'Air France qui réussit à faire transiter plus de 500 000 passagers un week-end de fin juillet, sans heurts, sans effusion de sang et sans chaos. L'équivalent moderne et aéroporté des grands travaux de l'histoire telles la construction de la pyramide de Khéops, de la Grande Muraille de Chine, ou une mission sur la lune.

Voilà donc ma réponse à la question de l'identité nationale : un Français, ça part en vacances avec les autres et basta ! Telle est la tradition jacobine. Comme le bac et les soldes. Ensemble, c'est tout ! Solidaires dans l'adversité.

Pauvre de moi, étranger issu d'un pays où priment l'individualisme et l'efficacité, je n'avais rien compris aux motivations nobles et profondes de Jean-Paul. Heureusement, mon copain me pardonna très vite. Il faut dire qu'à chaque rentrée, même après un retour de Quiberon classé noir par Bison Futé, il est tellement épanoui !

3

« À Caen les vacances ? »

Le Parisien, si fier soit-il d'habiter la ville qu'il considère comme la plus civilisée, la plus raffinée et la plus belle du monde, n'a pourtant qu'une envie : la fuir, et le plus vite possible.

Pour nous, étrangers, cette urgence demeure un mystère et occupe une place d'honneur au panthéon des énigmes qui font de la France un pays si original et sympathique. Autres exemples : pourquoi les Français dotés d'un nom à particule ne travaillent-ils jamais au Smic ? Et plus généralement comment arrivez-vous à distinguer un bronzage Paris Plage d'un hâle méditerranéen ou breton ?

Cette envie d'ailleurs a du bon. Et vous, les Parisiens, vous y êtes entraînés depuis des lustres. Le triste spectacle des habitants de la Nouvelle-Orléans menacés par l'ouragan Katrina et réfugiés sur le toit de leur bicoque n'aurait jamais eu lieu dans votre sublime capitale. Car vous êtes des maîtres accomplis du plan Orsec – soit l'art de vider une des plus grandes municipalités du monde en moins de 120 minutes, chrono en main. Plus particulièrement chaque vendredi entre 17 heures et 19 heures. Et suivant un cycle extrêmement bien établi et encadré par la loi : grandes vacances – Toussaint – fêtes de fin d'année –

vacances d'hiver – Pâques – rebelote grandes vacances et ainsi de suite...

Qui n'y prendrait garde pourrait imaginer que les Parigots ont des problèmes de carte de séjour. Comment expliquer sinon qu'ils ne semblent jamais, ô grand jamais, pouvoir passer plus de six semaines d'affilée dans leur ville adorée ? Allez comprendre, car même les touristes ont droit à des visas de trois mois. Les Parisiens croient dur comme fer à l'effet bénéfique et salutaire des départs fréquents, tout comme la classe politique est persuadée qu'un nouveau remaniement ministériel sauvera la République.

Trêve de plaisanterie. Concentrons-nous et tâchons d'y voir plus clair. Tendons l'oreille et écoutons ce que les habitants de Paname ont sur le cœur.

Ainsi mon super copain Jean-Paul, avec qui je pris un verre rue Soufflot un vendredi en fin d'après-midi, qui arriva au café avec une petite valise à la main. Il devait partir dans l'heure afin de profiter du week-end en Sologne, deux jours que la météo annonçait impitoyablement pluvieux au nord de la ligne Biarritz-Menton.

« Pourquoi aller te faire doucher en province alors que tu pourrais t'économiser un billet de train ou un plein d'essence en restant tranquillement chez toi ? » lui demandai-je.

« Parce que si tu restes à Paris trop longtemps, tu deviens dingue ! » me répondit-il en levant les yeux au ciel.

Jean-Paul a parfois du mal à dissimuler sa lassitude quand il doit m'expliquer ce qui lui semble des évidences sur les us et coutumes de son pays. Sauf que, cette fois-ci, trouvant sa réponse un peu courte, j'ai insisté. J'avais décidé de creuser la question.

Heureusement, en France, faire appel à la réflexion est considéré comme flatteur, et Jean-Paul, qui a eu 11 sur 20 en philo au bac – un exploit qu'il ne manque jamais de rappeler dès qu'il a bu – scruta l'horizon un instant afin, j'imagine, de donner un certain poids à son propos.

« Paris, tu vois, c'est la ville de la mode et de la branchitude. Si tu ne fais pas comme les autres Parisiens, c'est que tu ne l'es plus, parisien. »

Le fait est que j'ai dû me satisfaire de cette deuxième tentative d'explication, car un train, ça n'attend pas. Mais je suis resté sur ma faim. Difficile de comprendre pour quelle raison un Parisien accepte de déjeuner à côté des toilettes dans un café archi bondé, mais ne peut se reposer qu'à trente kilomètres minimum de sa résidence principale. C'est même à se demander pourquoi certains, constamment absents, se donnent la peine d'entretenir une résidence principale sur l'une ou l'autre rive de la Seine. Pour des raisons fiscales, je suppose ? Ou parce que, sans la « principale », la « secondaire » ne saurait exister ? Dans ses campagnes de pubs, la SNCF s'adresse justement à ces Parisiens qui ont payé leur logis l'équivalent du déficit de la Sécu : « Fatigué de rester entre quatre murs ? Offrez-vous un week-end. »

Quoi qu'il en soit, j'ai fini par me résigner à faire comme tout le monde, afin de « fluidifier » mes relations avec les Français, comme on dit à l'Union des industries et des métiers de la métallurgie. À commencer par me plier à la question rituelle qu'on entend chaque année à partir du mois de juin, « Vous partez ? », équivalent estival du « bonne année » qui revient à l'interminable saison des vœux.

« Vous partez ? » me demande dans l'escalier le voisin du troisième étage qui normalement n'accorde un « bonjour » que du bout des lèvres.

« Vous partez ? » m'interroge la maquilleuse d'une chaîne de télé que je ne connais ni d'Ève ni d'Adam.

« Vous partez ? » cherche à savoir mon vendeur de journaux avec qui j'ai l'habitude de commenter l'actualité politique.

Et dans mon club de tennis de la banlieue parisienne, des salves de « Vous partez ? » fusent entre adhérents, aussi fréquentes que les « pock-pock » des balles feutrées rebondissant sur les courts alentour.

M'adapter à cette pratique n'a pas été chose facile. Il m'a fallu un certain temps, mais peu à peu j'ai compris que les Parisiens manient un code infiniment subtil qui leur permet de se jauger et de s'évaluer, tels les toutous bien nés de mon quartier qui se reniflent, ou les sentinelles du Moyen Âge qui se lançaient, méfiants : « Qui vive ? »

Heureusement, la vie au pays de la tour Eiffel m'avait déjà habitué à ce genre de questions pièges. À commencer par le très redouté « Vous habitez où ? », qui n'est jamais innocent et qui vaut presque un redressement fiscal sur l'échelle de Richter du stress urbain.

Au fil des années, j'ai compris que, si certains quartiers parisiens valent certificat de noblesse, d'autres nécessitent quelques circonvolutions destinées à faire passer la pilule. Pour les Parisiens chic, on a parfaitement le droit de résider dans le 20e arrondissement, mais en ajoutant par exemple : « On a trouvé un adorable petit pavillon fleuri, c'est comme si on vivait à la campagne ! » En revanche, un Parisien qui vote à gauche n'habitera le 16e qu'à titre provisoire. « On cherche dans le Marais », ajoutera-t-il immanquablement.

Plus culturelle à proprement parler, une autre question peut surgir dans une conversation parisienne et susciter une atmosphère comparable à celle d'un champ de mines que l'on traverse en talons hauts...

« Vous avez vu [nom d'un acteur] au [nom d'un théâtre] ? Formidable, n'est-ce pas ? Un jeu extraordinaire ! » vous interroge votre voisine de table lors d'un dîner mondain. Soudain, tous se taisent, impatients de découvrir votre réponse et soulagés que la mine ne puisse exploser sous leurs pieds.

Vous avez le choix. Soit, et c'est peu probable, vous avez vu la pièce et il vous suffit d'opposer un léger : « Oui, mais j'ai trouvé que, dans le deuxième acte, il manquait de finesse... » ou une banalité dans le genre. Ouf, vous avez sauvé votre soirée et celle de vos hôtes. Soit il vous faut avancer avec prudence car la question sous-jacente est tout autre : « Sommes-nous du même monde, cultivé et raffiné, ou êtes-vous du genre à passer vos soirées à amortir votre redevance audiovisuelle ? »

La curiosité malsaine des Parisiens ne connaît pas de limite, et une simple question peut suffire à vous piéger comme un poilu sous une pluie de gaz moutarde.

Personnellement, pour me sortir de ce type de situation, j'ai tendance à contrer en balançant une allusion à une autre pièce, que j'ai bel et bien vue, suivant une règle arithmétique en or : pièce pour pièce, expo pour expo, film pour film et livre pour livre. Comme tous les Parisiens, je prends également soin de jouer à égalité, en respectant l'« étalon star ». Hors de question de citer une reprise de *Boeing, Boeing* si votre adversaire vient de dégainer une valeur sûre, genre Laurent Terzieff au Lucernaire. De même, je vous recommande de ne pas faire comme moi à mes débuts : un jour, face à l'épouse d'un « ancien haut fonctionnaire » (car ainsi se présenta le mari de madame) ayant lu Antonio Tabucchi, j'ai répondu en faisant l'éloge du dernier polar de Patricia Cornwell. Silence, un ange passa. La maîtresse de maison toussa vigoureusement et diplomatiquement. L'on aiguilla le sujet de conversation dans une autre direction.

Ne vous inquiétez pas. Il est possible de survivre à un hiver d'invitations mondaines à Paris avec une pièce intello, une expo lugubre, un film encensé par *Télérama* et un roman nombriliste, n'importe lequel pourvu qu'il soit ennuyeux à mourir.

En revanche, et d'avance je comprends votre surprise, je n'ai jamais réussi à passer le grand oral du « Vous partez ? » Certes, la véritable question est la suivante : « Appartenez-vous à une classe qui peut se permettre des vacances loin de chez elle, ou n'êtes-vous au fond qu'un pauvre type ? » Il suffit alors de répondre « Oui, bien sûr, dans le Périgord ! » ou « Juste deux semaines, j'ai trop de travail », et votre honneur est sauf.

Mais si comme moi, vous bredouillez une réponse hésitante car vous n'avez rien réservé, ou si vous opposez un « non » que n'assortit aucune raison valable, sachez que vous aurez droit à un long regard charitable qui peu à peu se détournera de vous, comme si vous étiez la victime éplorée d'une maladie sexuellement transmissible.

Ne me dites pas que je suis le seul à perdre mes moyens face à l'injonction de ce « Vous partez ? » En France, le stress et le non-dit des vacances sont intégrés dès le plus jeune âge, car le pays a fait du repos estival un réel signe de « distinction ». Il n'est que de lire le joli conte d'Anne Gutman et Georg Hallensleben, *Lisa dans la jungle*, pour découvrir une petite héroïne qui, terrorisée à l'idée d'avoir passé les vacances chez elle et surtout, à avoir à l'avouer, s'invente un superbe voyage chez son oncle, éleveur de panthères, pour épater ses petits camarades à la rentrée.

C'est très simple – et très cruel : dès qu'il s'agit de vacances, la moitié de la France ment à l'autre moitié du pays, dirait Pierre Daninos, car les statistiques indiquent que plus de 45 % des Français ne partent pas. Les non-partants ont en général le bon goût de respecter un certain mutisme : dans un pays où le loisir est une religion, les athés ont intérêt à la boucler. Bien sûr, il est déconseillé de demander aux autres s'ils partent si vos propres projets sont flous, car les aventuriers qui ont tout programmé se feront un plaisir de vous raconter en détails leur périple à venir. « Là, on descend à Bergerac, on y reste quatre jours, ensuite... » On vous aura prévenu. Après le long et passionnant exposé de l'itinéraire de votre interlocuteur, votre aveu d'immobilisme risquerait de tomber comme celui de votre soutien à Ben Laden au cours d'un barbecue au Texas.

Bien évidemment, évitez aussi d'évoquer un problème familial qui vous empêcherait de partir, car votre interlocuteur cherche moins à s'informer de vos projets qu'à sentir conforté son bonheur de quitter la ville. Une référence à un parent souffrant que vous ne voudriez pas laisser seul gâcherait tout le plaisir.

Une célibataire d'un certain âge m'a avoué un jour qu'elle avait résolu le casse-tête par une petite astuce : « J'ai des amis qui ont une maison en Ardèche », répond-elle, sans préciser que ses amis ne l'ont jamais invitée. Hélas, comme la petite Lisa, elle doit souvent faire face à une deuxième salve de questions soulevées par ses vacances fictives. « Là, c'est plus dur », ajoute-t-elle.

Au fond, les Parisiens partent en vacances essentiellement pour se rassurer, c'est donc presque un geste de charité chrétienne que d'éprouver un peu de compassion pour eux. Ils subissent une telle pression ! Après tout, il faut savoir qu'un « ménage » débourse plus de 3 000 euros en moyenne pour bénéficier d'un « repos » qui dans la plupart des cas consistera à : voler sur des avions munis de sondes Pitot mortelles, faire du sur-place sur une autoroute du soleil embouteillée, aller se faire cramer sur des plages congestionnées, affronter une météo incertaine, se faire avoir par des prix dix fois plus élevés que la normale, déjeuner et dîner dans des restaus assourdissants où la cadence de service est infernale... tout ça pour abandonner son domicile aux bons soins des cambrioleurs de la capitale.

Réflexion faite, c'est peut-être le sens civique qui pousse les Parisiens à libérer le pavé en été. Pour les touristes, par exemple. Car la ville appartient à tous, non ? En tout cas, si vous vous promenez sur les boulevards vides à la mi-août, sachez que vous avez autant de chances de gagner au loto que de trouver une boulangerie ouverte. Et s'il vous arrive de croiser un Parisien, n'oubliez pas de vérifier son identité et son appartenance sociale en lançant le plus naturellement possible : « Vous partez ? »

4

« Je hais les voyages et les explorateurs »

Ex aequo avec le premier jour des soldes, le tourisme est l'activité inventée par l'homme la plus abêtissante.

Au château féodal de Beynac, en Dordogne, une région à la beauté stupéfiante et à l'histoire particulièrement riche (« grâce » aux guerres de religion, notamment), une pancarte accrochée au-dessus de l'écurie des chevaux informe les visiteurs que celle-ci a servi pour le tournage du *Jeanne d'Arc* de Luc Besson en 1998. Plusieurs siècles d'histoire sont passés sous silence...

À Marrakech, ce sont les tombeaux des Saadiens, célèbre dynastie de sultans, qui devraient monopoliser l'attention des touristes. Le jour où j'y suis allé, deux chatons mignons tout plein batifolaient au milieu des ruines. La grandeur de la famille saadienne ne pouvait rivaliser avec le caractère irrésistible de cette scène digne de *30 millions d'amis*.

Un touriste, et tout est foutu. Le tableau est gâché. Un blaireau français, Cac 40 en polo Lacoste ou prolo en tongs, est aussi naturel dans les rues du Caire qu'une tarentule échouée sur un quatre-quarts ou un habitant du New Jersey parachuté dans le Quartier Latin à Paris. L'un et l'autre ne sont tolérés que parce qu'ils sont les vaches à lait des commerçants du coin et de l'industrie du tourisme.

Le monde à mes pieds, oui, pense le même blaireau, mais de grâce, épargnez-moi le choc entre richesse et pauvreté. Comprenez-le, il est furieux de voir l'Inde négliger ses principes républicains – l'égalité, par exemple – quand, à l'entrée de son hôtel à Jaipur, des dizaines de misérables qui vivent avec moins de 3 % du Smic français gisent sur le macadam. Admirer l'œuvre de mère Teresa en détournant pudiquement le regard et sans en tirer la moindre conséquence, c'est tout un art. Franchement, s'il s'agit juste de constater l'effroyable pauvreté de l'Inde, autant s'acheter un billet d'entrée pour *Slumdog Millionaire*.

Bonjour l'hypocrisie ! Pourquoi crier au scandale quand un élu de la République se rend en Chine sans évoquer les droits de l'homme, mais jamais quand un client de Jet Tours s'en dispense pour s'esbaudir devant les temples à Pékin ou les rues grouillantes de Shanghai ?

Comme le réchauffement de la planète, le tourisme est un fléau récent. Le vacancier est aussi absent de la Bible que des *Très Riches Heures du duc de Berry*. Un voyageur parcourant la France rurale au début de XIXe siècle pouvait ne croiser personne pendant des jours. Mais tout ça est fini, balayé. On n'est plus jamais seul nulle part, en partie grâce aux 35 heures et au sémillant taux de natalité. Sur un sentier côtier du XVIIe siècle, entre Ploumanach et Lannion, on est aussi isolé que sur les Champs-Élysées un dimanche après-midi.

Quant à moi, vint le jour où ma chère et tendre s'offrit un livre au titre alléchant : *Les Plus Beaux Villages de*

France. Aussitôt je sus que ma vie allait basculer. Après une carrière de grand reporter, je considérais que j'avais vu assez du vaste monde, mais ma seconde femme allait m'obliger à choisir entre découverte du terroir et (re)divorce. Flanqué d'une épouse prête à conquérir la France telle Ghengis Khan la Chine, je n'eus d'autre solution que de me résigner, suivre comme un toutou et partir à l'assaut de ces maudits hameaux pittoresques.

Sur notre liste de beaux villages à découvrir se trouvait Venasque, petit bijou provençal perché sur un éperon. Après une semaine d'acharnement sur Internet et au téléphone, j'avais réussi à louer une maisonnette pour une semaine. Dès le premier jour, nous sortîmes flâner dans les ruelles et visiter les remparts. « Quelle vue imprenable ! » s'exclama une touriste admirant les collines dominées par le mont Ventoux. « Sublime ! » renchérit un deuxième.

Des millions de ploucs sont prêts à faire des kilomètres pour découvrir un point de vue et un site exceptionnels. Personnellement, je trouve que c'est une joie très éphémère, comparable au plaisir d'acheter une voiture neuve. Il suffit de mettre la clé une fois pour que l'objet du désir se métamorphose en caisse d'occas' qui perd 40 % de sa valeur marchande. Pareil avec les panoramas sublimes : dès le lendemain, on ne les voit plus.

Un touriste, ça peut râler contre l'hôtelier, les prix des restaus ou des transports, mais ça n'a pas le droit d'être déçu par les paysages. On est prié d'apprécier car il faut valider le choix de la destination et le prix du voyage. L'homme moderne, avisé et informé, accepte ainsi d'aller se faire crucifier au bout du chemin de croix de chaque vue imprenable.

Me croyant plus malin que les autres, je m'estimais donc en droit de poser la question : faut-il se coltiner

694 kilomètres de bagnole, 46,30 euros de péage et 62,60 euros de carburant fossile non-renouvable pour admirer les vertes collines ondoyant au pied de Venasque ? Sans parler du voyage retour.

Pour justifier ce genre de vacances, mon ami Jean-Paul, lui, s'accroche à la tradition douteuse des cartes postales, qu'il envoie comme une lettre recommandée, pour faire acte de déplacement, à l'instar de millions de benêts. Le niveau de ce genre de missives envoyées par des amis bardés de diplômes dépasse rarement celui du sabir de leurs bambins, entre un « Coucou » on ne peut plus niais et un « À bientôt » inutile. Absurde jusqu'au bout, Jean-Paul n'expédie ses cartes que lorsqu'il rentre, faute de timbres au bon moment, surtout s'il revient de l'étranger.

Chez certains Français, le tourisme est comme un dossier à compléter, un devoir à rendre. En rentrant d'un voyage en Andalousie, une amie un peu moqueuse me fit remarquer que ses compatriotes résumaient leur périple en disant : « On *a fait* Cordoue et Séville, le lendemain on *a fait* Grenade », comme si ces superbes villes qui incarnent toute l'histoire de l'Europe du Sud étaient des cases à cocher sur un formulaire de l'Urssaf. Faut-il mentionner au passage la simple laideur de la formule ?

Hélas, c'est toute la France, pays civilisé s'il en est, qui se vautre dans ce culte, à tel point que le touriste a acquis le statut de protégé de la République, au même titre que les mutilés de guerre et les mères qui allaitent. Le jour où des manifestants thaïlandais anti-gouvernement ont bloqué les aéroports de Phuket et de Bangkok, en janvier 2008, Paris fut accusé de ne pas envoyer assez rapidement des charters à la rescousse des 1 600 couillons français coincés dans ce paradis ensoleillé au milieu de 100 000 autres étrangers. Aux frais des contribuables, bien sûr.

« Parfois, je suis fière de payer mes impôts en France ! » s'écria devant les caméras une brave dame secourue avant de monter dans son charter.

Vous appelez ça une urgence ? Un geste humanitaire ? Ces Français méritaient-ils qu'on leur applique le principe du « *civis romanus sum* » (« Je suis citoyen de Rome ») tant exploité par les Anglais impérialistes du XIXe siècle ? Le moindre incident gênant un ressortissant français justifie-t-il de déclencher la cellule de crise du Quai d'Orsay ? Au risque d'abonder dans le sens inverse, j'ajouterais qu'à Bangkok, on peut savourer de merveilleux petits plats pour trois francs six sous et trouver de quoi se loger pour trois fois moins que dans l'Hexagone.

L'évangile du monde selon saint Touriste implique que la terre entière n'existe que pour lui fournir du plaisir. L'idée qu'autrui ait sa propre actualité qui pourrait empêcher de reprendre son CDI à Clermont-Ferrand ou ailleurs devient choquante et inadmissible.

Consciemment ou non, les médias se font les complices de cette idée. « Nuit de galère ! » titrait *Le Figaro* en référence aux 540 passagers d'un Eurostar qui mit sept heures pour relier Londres à Paris fin 2009. Et quand plus tard, la neige bloqua 2 000 passagers dans l'Eurotunnel (sans mort d'homme), l'Élysée haussa le ton et le directeur de la SNCF, Guillaume Pepy, fut traîné sur le plateau de TF1, prié de s'excuser devant toute la nation indignée. Autocritique et repentance dignes des procès de la Chine de Mao.

Un parent avec un enfant malade qui attend quatre heures aux urgences de l'hôpital Necker ne mérite pas le moindre article. C'est chose banale. Le droit au repos est devenu un droit opposable qui passe avant celui de l'accès aux soins médicaux et au logement. Vive le dieu tourisme !

Quant à la valeur mythique du voyage, on fait tout pour préserver l'illusion au risque d'humilier ceux qui partent. Parmi la centaine de photos qui illustrent un guide Hachette des îles grecques, on ne trouve pas une seule image de ces scooters dépourvus de pots d'échappement très prisés par les Grecs, qui procurent à ces archipels une paix digne des 24 heures du Mans.

Je reviens à ma petite histoire. Lassés de la belle vue de Venasque, mon épouse et moi décidâmes d'aller découvrir l'« authentique » village de Fontaine-de-Vaucluse. Dès l'entrée du bled je compris notre erreur. Un vigile en gilet jaune nous dirigea *manu militari* vers une magnifique aire de stationnement, payante bien sûr, spécialement aménagée pour les beaufs comme nous. Et hop, pris dans le piège. Je conseille à tous de faire immédiatement demi-tour à la vue du premier gilet jaune surgissant dans un village pittoresque et fleuri.

Dans mon cas, impossible de faire demi-tour. Mon épouse tenait à la découverte. La gardienne du parking chargée de nous prélever six euros ne cacha point un sourire légèrement sadique, comme celui que les premiers chrétiens durent lire sur le visage des polythéistes au Colisée. Six euros, pire qu'à Paris ! Je jetai un regard accusateur à ma femme, mais celle-ci était d'un calme surprenant, jugeant sans doute que la dépense valait le coup.

Dans le parking, à cause d'une voiture dépassant la ligne de démarcation, je dus enchaîner plusieurs créneaux avant de garer la mienne correctement. L'exercice fut assez long pour que j'aie le temps de remarquer deux couples qui venaient de débarquer à bord d'une voiture immatriculée dans l'Oise et qui m'observaient avec intérêt. D'abord agacé, je finis par me raisonner. Pourquoi leur en vouloir ? Ils n'avaient que ça à foutre puisqu'ils étaient touristes. Mes semblables, mes frères !

Quant à Fontaine-de-Vaucluse, autant vous dire que c'est un chapelet de restaurants steak-frites et de boutiques de babioles toutes plus moches les unes que les autres. Un de ces villages-aquariums dénaturés par les hordes de Huns dont je faisais partie. *Mea maxima culpa.*

Mais d'où vient cette explosion de tourisme populaire, nom de Dieu ? De trois mots, l'avion à réaction, ou de trois lettres, le j-e-t. À l'époque où il fallait cinq jours pour traverser l'Atlantique en paquebot, où un Anglais mettait deux jours entiers pour aller en Italie, les voyages étaient limités à une élite pouvant se payer le luxe de l'oisiveté. Dans ce domaine comme dans d'autres, la démocratisation a de réels effets pervers mais elle jouit de la protection du politiquement correct. Le tourisme a beau faire des ravages, on commence à peine à l'admettre. À l'aube de l'ère de l'avion à réaction, l'ONU comptait 25 millions de voyageurs parcourant la planète. Ce chiffre est monté à plus de 900 millions depuis, sans compter ceux qui se déplacent dans leur propre pays. Ce qui nous attend, c'est l'équivalent d'un millier de faillites de Lehman Brothers, sous d'autres formes.

Il y a quelques années, je suis retourné voir Tolon, sympathique petit port de pêche grec que j'avais découvert en 1972. Je n'ai pas reconnu le village : inondé de badauds, de pubs irlandais, d'hôtels à 10 étages, de *fast-foods*... Un mini Dubaï-sur-Mer, version *cheap*. Autre exemple, la petite station de l'Himalaya, Moussirie, envahie par les visiteurs à tel point que les célèbres singes qui y vivent depuis des siècles commencent à fuir. « N'y allez pas ! » implore Elizabeth Becker, grand reporter américaine, spécialiste de cette partie de l'Asie.

Et que dire d'Angkor Vat, au Cambodge, qui risque carrément de s'écrouler, victime de son succès ? Les 890 000 visiteurs annuels de Siem Reap, la ville voisine, font baisser dangereusement le niveau de la nappe aquifère. Et Venise ? Une ville fantôme, dont les 60 000 résidents à peine (70 % de moins qu'en 1935) ont récemment voté pour bloquer la construction de nouveaux hôtels. Idem pour les 5 000 habitants de l'île de Pâques qui ont décidé une réforme constitutionnelle pour fermer la porte aux visiteurs, au moins pour un temps. Ce dont de nombreux habitants de Montmartre rêvent, pour arrêter les foules qui transforment leur quartier en Disneyland. Mais le ministère du Tourisme veille à leur interdire autre chose que des pétitions parfaitement vaines.

Le pouvoir du lobby touristique fait même hésiter les écologistes français, car il est bien plus redoutable que celui de l'industrie du nucléaire. Le débat sur les moyens à mettre en œuvre pour limiter l'afflux des touristes, qui commence à se faire entendre dans quelques pays anglo-saxons, attend toujours de voir le jour en France. Combien d'années continuera-t-on à accepter que les Sables-d'Olonne accueille trois fois sa population (43 000 âmes) en été pour faire les choux gras de l'industrie du tourisme ?

Je n'ai pas de mots pour dire ma tristesse quand je vois les plus beaux villages français dont les boulangeries et les boucheries ferment à cause de la taxe professionnelle et autres cotisations, bientôt remplacées par des prétendues galeries d'art. Souvent il ne reste d'authentique que le monument aux morts de la guerre de 14-18, qui m'émeut au plus profond. Imperturbable, il incarne à lui seul toute l'histoire de France.

Allez, ne soyons pas mélancoliques. Touristes français, mes chers amis, rassurez-vous : vous êtes comme les autres. Il existe même pire. Dans le restaurant d'un hôtel européen, j'ai entendu deux Américains demander aux clients de la table voisine : « Pourriez-vous nous aider, s'il-vous-plaît : nous sommes dans le Hilton-Madrid ou le Hilton-Lisbonne ? »

5

Le cauchemar du calendrier scolaire

Le monde entier pense que les Français sont un peuple un brin capricieux, pour une seule et bonne raison : ils changent de calendrier comme de chemise. En effet, le calendrier julien a triomphé en France pendant plus de quinze siècles, mais son successeur, le grégorien, se vit rudement bousculé à peine deux cents ans plus tard par une version révolutionnaire, pour finalement, cent cinquante ans après, passer à l'actuelle configuration telle qu'elle fut dictée par les astrologues de la rue de Grenelle : le fameux calendrier scolaire de l'Éducation nationale. Deux millénaires d'histoire hexagonale pour accoucher de ce sacro-saint planning qui rythme la vie de 60 millions de Français priés de réserver leur train en temps et en heure !

Voilà ce qui rend la vie des Français si prévisible, si organisée, mais si curieuse aux yeux des étrangers. Lisez ou relisez *Le Monde d'hier*, les mémoires de Stefan Zweig : le grand écrivain y peint une société qui permettait à chacun de savoir avec exactitude « son prochain avancement dans les rangs ou la date de son départ à la retraite ». Stefan Zweig a beau décrire l'empire des Habsbourg, un monde très éloigné du nôtre, sa réflexion pourrait s'appliquer aux Français d'aujourd'hui.

Pourtant réputés pour leur sens de l'improvisation, ceux-ci ont choisi de vivre une vie sans surprise, parfaitement ordonnée, où le licenciement est interdit, les femmes pas trop chères, le pain quotidien, les cheminots en grève... et la date du prochain départ en vacances fermement établie.

À cet égard, j'avoue que, depuis longtemps, il m'arrive d'envier mes amis Pierre et Annabelle – lui, enseignant dans le public, elle, dans le privé – qui planifient leurs nombreuses vacances comme la NASA planifie ses vols spatiaux, avec un an d'avance au moins. Ainsi le couple profite-t-il des meilleurs tarifs proposés par la SNCF pour rejoindre leur bicoque de campagne dans le pays toulousain, sans parler de la sérénité qui les habite, tant il est apaisant de savoir son avenir proche, et moins proche, tout tracé.

« Ça y est, j'ai réservé cette semaine ! On part tout de suite après mon dernier cours, à 18 h 23 », m'informa Pierre lors d'un dîner d'amis. Je pris cette précision comme une provocation et décidai de ne pas réagir. Nous étions mi-septembre et je pensais que Pierre parlait des vacances de la Toussaint. Mais pas du tout ! Il anticipait déjà la fin de l'année scolaire et le mois de juin suivant, autrement dit les grandes vacances. Les billets pour les vacances de la Toussaint, de la fin d'année, de l'hiver et du printemps étaient dans sa poche depuis plusieurs mois déjà.

Ce fut alors au tour d'Annabelle d'exposer une seconde source de satisfaction : deux allers-retours Paris-Toulouse pour 32 euros, tarif Zen-iDTGV-e-eco-certifié and co... « Il paraît que la réduc est super limitée. Les mecs ne l'appliquent que pour une dizaine de voyageurs par train. Il faut être rapide ! » s'exclama la belle en me servant une nouvelle louchée de lasagnes qui commençaient à avoir un petit goût amer. Moi, pauvre cow-boy abonné au dernier moment, j'ai toujours payé mes billets plein pot... C'est grave, docteur ?

Tant pis. Vif comme l'éclair et résilient comme il se doit, j'ai vite changé de sujet car je savais que l'ami Pierre est capable de mobiliser la conversation en passant en revue les vacances des dix dernières années de sa vie, dans le désordre et en détails. Sympa, mais chez nous on appelle ça un *vacation bore,* autrement dit un chieur (pardonnez ma brutalité) qui vous impose le récit de ses vacances avec chien-chien et mémé. J'ai du mal à croire qu'il existe pire engeance dans les dîners en ville, ou plutôt si, il en existe une : celle des as du bricolage qui vous imposent la chignole dès le dimanche matin, mais ceux-là, heureusement, sortent rarement le soir.

Revenons à nos moutons et soyons honnête. Le fait est que pour avoir ce tarif, ni Pierre ni Annabelle ne se sont rendus coupables du moindre délit d'initiés. Au contraire, les calendriers scolaires sont publiés trois ans à l'avance et aussitôt disponibles. Même si les deux congés les plus importants de l'année sont répartis entre trois zones (depuis 1965), l'emploi du temps tel qu'il a été défini par le ministère de l'Éducation nationale ponctue les 365 jours de l'année comme le soleil, la lune et les marées rythmaient autrefois les travaux et les jours. Dans la plupart des pays, dont le mien, l'école aurait du mal à faire école. Les États-Unis sont une nation décentralisée, riche de 15 000 systèmes scolaires, dont chacun est libre de choisir les dates de rentrée et de vacances. La France, elle, respire comme un seul homme, avec les mêmes poumons, grâce au génie de ses éducateurs. Voilà pourquoi les gares, les aéroports, les taxis et les autoroutes sont régulièrement pris d'assaut comme si la Wehrmacht venait d'envahir le pays et de provoquer la débâcle.

Nous voilà donc près de souligner un joli paradoxe. Le calendrier scolaire est la pierre angulaire d'un pays tout entier obnubilé par une idée : se reposer les doigts de pieds en éventail. Bien entendu, la République française n'a jamais éprouvé le besoin d'un ministère des Vacances, car l'Éducation nationale joue parfaitement ce rôle et applique consciencieusement une règle simple comme bonjour : les enfants sont tenus de décrocher régulièrement afin que les parents et les enseignants puissent se détendre et se reprendre.

À l'ère des moissonneuses-batteuses, ces longues coupures étaient justifiées avec la bénédiction du pape pour que les élèves participent aux travaux des champs aux côtés de leurs parents. Aujourd'hui, elles sont vigoureusement encouragées et soutenues par les industries du loisir à qui l'on demande leur avis avant d'officialiser le calendrier des années suivantes. (Le lobby des professionnels du tourisme est plus puissant en France que celui du libre port des armes aux États-Unis.) *Le Parisien* ne se privait pas de reconnaître récemment que ces trêves représentent « une aubaine pour les professionnels du tourisme, très attachés à ce privilège ». C'est ainsi que la cabale entre professionnels et fonctionnaires pérennise la formule de 6 semaines de classe suivies par 15 jours de repos, qui garantit une rente exceptionnelle aux hôteliers, aux restaurateurs, aux sociétés d'autoroutes et de transports et *tutti quanti*.

Autrefois, les enfants étaient exploités comme une main d'œuvre sous-payée. Aujourd'hui ils le sont pour faire les choux gras des pros du loisir. À chaque époque ses abus de mineurs...

Il y a peu encore, la carte scolaire a été chamboulée. Le calendrier, lui, demeure intact. Le choix des dates a beau être controversé par beaucoup, personne ne pose la question de savoir si le ministère de l'Éducation nationale a le droit et les compétences pour dicter à chacun quand il lui faut lever le pied. Le moindre Français, même sans enfant scolarisé, obéit au doigt et à l'œil, tel le chien de Pavlov.

Et que dire lorsqu'en l'an 2000 le calendrier obligeait à rentrer sur les autoroutes un 2 janvier ? Vingt-quatre heures à peine pour se remettre des agapes de la Saint-Sylvestre ! Le résultat n'est guère plus probant à la fin de l'année scolaire. Les conseils de classe se tiennent en mai, décourageant l'assiduité des élèves – et des professeurs – au mois de juin, non sans une certaine logique cependant, puisque de toute façon les salles et les profs seront réquisitionnés pour le bac, qui lui, ne servira, après repêchage et redoublement, qu'à éliminer un infime pourcentage des candidats. C'est ainsi que le sixième mois de l'année est pour la majorité des élèves ce que le cinquième est pour leurs parents : une répétition générale des grandes vacances. En bref, les hauts fonctionnaires de la France, pays des lumières, organisent l'éducation de leurs enfants comme la Floride orchestre ses élections démocratiques. En biaisant et en truquant les comptes.

« Le pouvoir tend à corrompre, et le pouvoir absolu corrompt absolument », disait Lord Acton au XIXe siècle. Si l'on s'en tient à cet adage, il est facile de comprendre la tentation des grands hommes de l'Éducation nationale : tripatouiller le calendrier pour allonger les plages de repos au maximum, tantôt pour apaiser le corps enseignant, tantôt pour plaire au corps parental. Le jour où le gentil organisateur Jack Lang accorda des jours supplémentaires de repos à la Toussaint, les professeurs, malmenés et outrés par son virulent prédécesseur, Claude Allègre, ont vu ainsi leur taux horaire de rémunération grimper sans coup férir, et sans l'inconvénient d'une grève. Quelques années plus tard, Xavier Darcos, trouva bon, contre l'avis des experts, de passer à la semaine de quatre jours, permettant ainsi à des centaines de milliers de parents d'amortir l'achat de leur maison de campagne.

Ce subtil jeu du bâton et de la carotte rend la France difficilement lisible pour autrui. Que dire aux étrangers qui veulent improviser un petit saut en France pour voir des amis ? Les plus avisés d'entre eux apprennent vite à apprivoiser l'actualité et le rythme hexagonaux avant d'embarquer, tâchant ainsi d'éviter des arrêts de travail qui peuvent faire du trajet entre Roissy et le centre de Paris un calvaire de quatre heures. Néanmoins, même pour les plus expérimentés et les plus tolérants des étrangers, le calendrier scolaire français demeure une énigme et échappe au bon sens le plus élémentaire.

Il y a quelques années, j'avais tout fait pour décourager un des *big boss* du *Newsweek* de venir à Paris au moment des vacances d'hiver de la zone C (un *big boss*, contrairement à un *boss* tout court, est un dirigeant qui peut vous virer du jour au lendemain puisqu'aux États-Unis les employés n'ont ni contrat ni code de travail). Je ne fus guère écouté. Une fois à Paris, le chef en question insista pour rencontrer des gens haut placés au Quai d'Orsay. Bien sûr, je ne trouvai qu'un stagiaire frais émoulu de la rue d'Ulm à lui présenter, les autres étant sur les pistes. Aujourd'hui encore, je pense que c'est par miracle que j'aie pu conserver mon poste.

L'incompréhension peut agir dans l'autre sens. Ainsi une amie angevine qui, à peine arrivée à Chicago pour un stage, courut acheter un agenda *made in USA* mais n'y trouva que le banal calendrier grégorien. En France, un agenda sans calendrier scolaire, ça n'existe pas. Je lui expliquai le truc et elle en fut coite. « Un pays sans calendrier scolaire, c'est tout de même étrange », lâcha-t-elle tout bêtement.

Je me contentai d'un petit soupir amusé.

6

Nos amis des Dom-Tom
Sous le soleil exactement

« À quoi sert l'Outre-Mer ? » demandait *L'Express*, un brin provoc, lors des manifestations et des grèves de Guadeloupe qui ont marqué l'hiver 2009. La réponse de l'hebdomadaire, moins provoc et beaucoup plus laborieuse, énumérait toutes sortes de bonnes raisons : la position géostratégique de l'île, sa biodiversité inouïe, son statut de laboratoire du développement durable, ou encore, les onze médailles rapportées par l'Outre-Mer aux jeux olympiques de Pékin.

Quelle mauvaise foi ! Là encore, la presse parisienne se voilait largement la face.

Si les pères fondateurs de la Ve République, ô combien sages, ont jugé bon d'accueillir la Guadeloupe, la Martinique et quelques autres confettis devenus fort coûteux à la trésorerie nationale, ce n'est guère par souci « géostratégique », c'est parce qu'ils connaissaient parfaitement leurs compatriotes, qui ne rêvent que de se reposer sous les cocotiers, et si possible sous des cocotiers bien de chez eux.

La France de l'après-guerre était en effet confrontée à un dilemme cornélien : comment prendre ses vacances d'hiver quand, même à Nice, le thermomètre descend à 6 degrés en février, et quand aligner trois mots dans une langue étrangère est une torture, voire une impossibilité tout court ? Vous imaginez un Français contraint de dénicher un bel éphèbe « majeur » en Thaïlande dans la langue de Shakespeare ? Ou obligé de commander son repas dans celle de Cervantès sous les orangers de Cordoue ?

C'est ainsi que les perles des Antilles ont trouvé leur vocation, permettant à la France entière de narguer ces pauvres coloniaux d'Anglais en affichant avec fierté la devise de la Ve République : « Le soleil ne se couche jamais sur l'empire du RMI. » Qu'il soit dans l'Océan indien ou dans les Caraïbes, le vacancier de la métropole peut ainsi débarquer de son Airbus sans passeport, effectuer un retrait sur son livret A à la Poste, feuilleter *Le Canard enchaîné* et savourer ses petits plats arrosés de Château Quelconque. Que demande le peuple ? Des vacances loin de chez soi, mais sans le dépaysement. Merci.

Hélas, la prévoyance des généreux dirigeants à qui l'on doit ces dépendances exotiques reposait sur un malentendu, que dis-je, un double malentendu historique. Primo, les ultramarins – car c'est ainsi qu'on appelle les autochtones dès qu'ils vous tournent le dos – pensaient qu'en échange, ils deviendraient de vrais petits Français. Or, de toute évidence, l'illettrisme, pour ne prendre qu'un exemple, est beaucoup plus tolérable et toléré en Guyane qu'en métropole ; il aurait peut-être même un certain charme. Inversement, les vrais petits Français, eux, ne soupçonnaient pas qu'entretenir ces lointaines colonies de vacances irait jusqu'à coûter quelque 11 milliards d'euros de subventions par an, soit près de 11 000 euros par touriste. Sans parler des impôts qui leur passent sous le nez grâce aux célèbres niches fiscales dont bénéficient les Dom-Tom.

Ça fait un peu cher l'exemplaire du *Canard*, non ? Et la médaille olympique à 1,5 milliard d'euros, qu'en dites-vous ? C'est vrai, quand on aime le soleil et la biodiversité, on ne compte pas. Les Antillais ont un taux de RMI six fois supérieur à celui de la métropole et un niveau de vie de deux à trois fois supérieur à celui des Caraïbes non subventionnées.

On comprend pourquoi la longue grève générale qui paralysa la Guadeloupe ne laissa pas les Français indifférents. Ce fut un accrochage titanesque entre les deux forces majeures de la civilisation française : vacances et contestation. Et il y a fort à parier qu'il donnera du grain à moudre aux sociologues de l'EHESS pour une bonne décennie à venir au moins. Pour le téléspectateur lambda comme moi, l'épisode fut un fabuleux match entre deux monstres du cinéma, King Kong *vs* Godzilla. Scotché à mon petit écran, popcorns en main, tous les jours je me demandais lequel de ces deux mastodontes de la République allait l'emporter, le touriste métropolitain ou le manifestant guadeloupéen ?

Au début, notre sympathique vacancier ne vit dans les événements qu'une diversion folklorique organisée par le LKP (le Lyannaj Kont Pwofitasyon, soit le Collectif contre l'exploitation outrancière), une petite ronde destinée à pimenter son repos. Sa réaction fut très politiquement correcte. « Nous comprenons la colère des gens d'ici. La vie coûte trop cher », répondit aux caméras une métropolitaine en bikini interrogée sur le sable chaud avant d'aller s'ébrouer dans les flots. À quoi bon les vacances si elles dispensaient du devoir de contestation, hein ?

Peu à peu cependant, la grève générale commença à faire disparaître les langoustes grillées des assiettes. L'on dut limiter les déplacements des visiteurs car l'essence manquait, sans compter les barrages et les insultes surgissant à chaque virage. Le ton changea. Et le doute s'installa. Mis en cause par les accusations des grévistes, coincés sur place parce que leur séjour était prépayé et leur billet retour non-modifiable, les vacanciers furent confrontés à des questions quasi métaphysiques, tout ce qu'ils voulaient fuir en se payant ce repos bien mérité. La tête sur l'oreiller, après un dîner au « menu créole réduit pour cause de grève » où les papillotes de vivaneau aux mangues avaient été remplacées par des tranches de porc surgelé suivies de crottes de Babybel, notre blaireau préféré se mit à gamberger. Se dorer la pilule sous le soleil des Antilles serait-il réservé à la majorité blanche ? Et si mes vacances avaient quelques relents légèrement racistes ?

Enfin, confirmant le malentendu de fond, arriva « l'incident », le premier conflit ouvert entre les deux camps, filmé par un témoin et relayé par TF1. On vit une famille bien blanche avec bébé d'un an, mamie et maman enceinte qui craqua en direct. Mémé et sa fille n'en pouvaient plus d'être cloîtrées dans leur hôtel Pierre & Vacances, incapables de franchir un barrage de jaunes pour quitter l'enfer. La confrontation fut épique. Armés de gourdins, les opposants firent éclater le pare-brise de la voiture, un contestataire fut blessé par une pierre lancée par un de ses congénères, le directeur de l'hôtel pria la famille de rentrer fissa dans les chambres, quand soudain l'on vit apparaître huit grévistes déchaînés, bâtons et machettes en main. Ouf ! la gendarmerie débarqua à l'instant même. Les scénaristes de Hollywood n'auraient pu imaginer meilleur suspens.

Quelle fut la résolution du conflit, la Constitution n'ayant rien prévu en cas de heurts entre vacancier et indigène en colère ? Généreux et courageux, l'État promit de mettre la main à la poche et d'accompagner la manne habituelle d'un « grand débat national », tel le toubib du quartier conseillant au malade de prendre deux aspirines et de se coucher le plus tôt possible.

Le conflit fut divertissant mais fit un mort au passage. Fut-il l'occasion pour les Français de réfléchir au rôle des Dom-Tom ? Rien n'est moins sûr. Un chiffre est particulièrement éclairant. Seuls 0,2 % des habitants des Dom-Tom vivent *sans* palmiers, à Saint-Pierre-et-Miquelon, où 6 000 pêcheurs frigorifiés peinent à attirer les vacanciers. Faut-il en conclure que la France républicaine ne destinerait sa mission civilisatrice que là où le soleil brille ?

La question mérite un peu d'histoire. Suivant la doxa officielle transmise par l'Éducation nationale, Napoléon aurait bradé l'immense Louisiane française à Washington sous prétexte qu'il préférait conserver les Antilles, source inépuisable de sucre pour les pâtissiers de l'Hexagone. L'argument tient difficilement la route. Comment croire que les Français, si fins négociateurs, aient cédé des terres quatre fois plus vastes que la métropole pour quelques champs de canne alors que leur pays se destinait à exploiter l'industrie de la betterave ? Mon cul, c'est du poulet ! L'Éducation nationale a toujours été un repaire d'anti-bonapartistes.

C'est clair. Le vainqueur d'Austerlitz et d'Iéna était un visionnaire. Il pensait déjà aux congés payés d'hiver de ses chers compatriotes. Alors pourquoi s'agripper aux territoires formant la Louisiane française, Montana, Dakota et Nebraska, où il fait un froid de gueux ? Il faut savoir ce qu'on veut. Nappy, comme l'appellent les Anglo-Saxons, avait l'art de trancher.

Les mauvaises langues de la métropole ont beau se déchaîner contre le coût des Dom-Tom, les problèmes sociaux qu'ils engendrent, le chômage terrifiant et l'assistanat sans fin qui y sévissent, force est de constater que ces îles permettent à tous les salariés de France et de Navarre de rêver d'un ailleurs. Quand la grisaille pèse et plombe, ça vaut son pesant de Lexomil. Les protestations d'un hiver n'ont en rien changé la donne.

Dernier exemple. Comme tous les Français, à l'époque, je me suis laissé bercer par un reportage de Michel Izard sur Bora Bora qui passait sur TF1, une suite d'images idylliques qui illuminèrent le petit écran un 6 janvier alors qu'il faisait – 7 degrés à Paris. Le reporter évoquait ce lieu magique du Pacifique avec la révérence que l'on réservait autrefois aux saints et aux hommes d'église. À bord du paquebot qui assure la liaison entre Tahiti et Bora Bora, Michel Izard avait la tâche facile. Il n'avait qu'à tendre son micro à un marin tatoué vantant le charme des jolies vahinés ou à un couple en voyage de noces éperdu d'amour. « 30 degrés. À bâbord, on voit apparaître l'île de Mooroa, c'est la vie en bleu », répétait-il pendant que son assistant caressait ces îles sous le vent avec sa caméra. Bora Bora, Bora Bora... » chuchotait-il comme une incantation.

Dormez, dormez, bonnes gens. Et n'oubliez pas, onze médailles olympiques...

7

Le mois d'août à Paris
« Qu'est-ce que j'peux faire, j'sais pas quoi faire... »

À part la dégustation du boudin noir, la civilisation française ne connaît rien de pire que le mois d'août à Paris.

Pourtant, je suis habitué. À l'époque où j'étais étudiant, ou divorcé, je restais dans la capitale tout l'été, soit parce que je n'avais pas les moyens de décamper, soit, plus tard, parce que j'avais la flemme d'organiser mon départ et de dénicher un lieu de repos comme tout le monde.

Aujourd'hui encore, il m'arrive de ne pas bouger de l'été. Nombreux sont les amis qui m'interrogent sur cette option insolite, mais je réponds que Paris est un espace merveilleux en été, un vrai village où l'on peut circuler et se garer facilement, et enfin se détendre et s'épanouir.

Après tout, les vacanciers américains ne déboursent-ils pas 700 euros pour faire New York - Paris et passer le mois d'août à Lutèce ? Pourquoi donc devrais-je partir, moi ? Souvent, un copain compatissant s'écrie : « T'as tout à fait raison ! Je donnerais n'importe quoi pour faire comme toi, mais avec la famille, tu vois... » J'ai l'impression qu'on me ménage, comme un malade à peine sorti de Sainte-Anne.

À vrai dire, je l'avoue, en restant à Paris au mois d'août, je ressens une certaine fierté, telle une sentinelle qui n'abandonne jamais son poste. Partir comme les autres, ce serait un manque de professionnalisme pour l'ancien grand reporter que je suis. En outre, j'ai en tête cette histoire que connaissent tous les journalistes américains, celle du malheureux Henri Pierre, co-fondateur et correspondant du *Monde* à Washington, qui jugea bon de prendre ses vacances en août 1974, comme d'hab', en bon Français. Et alors, me direz-vous ? C'est pendant ce mois d'août qu'éclatèrent les plus sensationnelles révélations du Watergate, dont les enregistrements de la Maison-Blanche qui allaient ébranler l'administration de Richard Nixon et obliger ce dernier à démissionner – première et dernière démission d'un président dans l'histoire des États-Unis. Ces événements exceptionnels de l'histoire américaine, les lecteurs du prestigieux quotidien français les ont appris grâce à l'intérim qui remplaçait Henri Pierre (Dieu ait son âme).

Pour les Anglo-Saxons qui adorent caricaturer les Gaulois, la leçon fut retenue à jamais : hors de question de faire passer les vacances avant le devoir. *Shocking !* Si la Suisse déclarait la guerre à la France au huitième mois de l'année, je suis sûr que les Helvètes seraient aux portes de Paris en moins de 48 heures.

Voilà pourquoi je reste en août à Paris, conforté par la mode des « vacances sur place » qui gagne du terrain dans les grandes villes américaines. Un phénomène qui n'a pas manqué d'être remarqué et baptisé par mes compatriotes sous le doux nom de *staycation*, amalgame des mots *stay* (rester) et *vacation* (vacances). Pour les écolos américains, il est préférable, et noble, de ne pas ajouter au réchauffement de la planète par des déplacements coûteux en carburants fossiles. J'ai donc choisi de faire comme Nanni Moretti dans *Journal intime*, qui apprend à connaître les siens au cours de périples en scooter à Rome.

Seulement, voilà... En France, le 14 juillet semble sonner le glas du départ, et plus la capitale se vide, plus les jours passent et je sens venir la débâcle du 1er août, comme les chutes successives des positions indochinoises baptisées Anne-Marie, Huguette ou Éliane qui annoncèrent la défaite finale de Dien Bien Phû.

Primo, en été les chantiers de construction poussent en ville comme les choux-fleurs à la campagne. Résultat, on se tape des bouchons même dans les arrondissements périphériques. En outre la police s'acharne, et je me coltine immanquablement plus de 200 euros d'amendes. C'est à se demander si cette pluie de PV n'est pas une manière de taxer les non-plagistes, les non-campeurs, les non-randonneurs, bref la poignée de courageux non-vacanciers qui restent dans la ville.

Le parking, plus facile ? Moi qui rêvais de me garer à volonté dans la capitale, tel Jean-Claude Brialy avec sa bagnole de fils à papa dans *Les Godelureaux*, j'ai vite déchanté. À peine le parking est-il gratuit, dès le premier août, que tous les juilletistes salariés de la banlieue viennent travailler en voiture. Super écolo ! Ceci dit, je les comprends quand il m'arrive de prendre le RER B et de me glisser dans les rames surchauffées par le soleil et la foule.

Paris n'a jamais su s'adapter à la chaleur ni à la canicule, quand les vieux tombent comme des mouches. Où trouver par exemple ces merveilleux cafés glacés qui font si plaisir en Italie ? Nulle part, car les bougnats ne connaissent que le café brûlant. Seule variante possible, le café tiède, quand le serveur est un peu mollasson.

Bien sûr, il existe Paris Plage et mille autres manifestations imaginées par la bonne mairie de Paris, mais tout ça pue un peu la... soupe populaire. « Un été solidaire », telle fut la devise choisie par l'Hôtel de Ville récemment. Ai-je donc moralement le droit de prendre une place implicitement réservée à un pauvre chômeur ? Non, et de toutes façons je n'en ai pas envie.

Je le confesse, je n'y peux rien mais je n'arrive pas à faire comme Nanni Moretti. En août à Paname, il règne une atmosphère de fin de monde. Les déprimés sont livrés à eux-mêmes, sans leur psy. Si je prends le métro, j'ai l'impression de me retrouver dans *Stardust Memories* de Woody Allen : les gens autour de moi ressemblent à des accidentés de la vie, des pauvres qui ne partent pas parce qu'ils n'en ont pas les moyens. Un mendiant avec des béquilles, probablement roumain ou bulgare, fait la manche. Une pauvre femme à la jambe plâtrée soupire lourdement. Un type louche me zyeute, l'œil couvert de sparadrap. Un clodo mal peigné s'installe à côté de moi, les jambes écartées, me laissant à peine vingt centimètres sur la banquette. On dirait les urgences de l'Hôtel-Dieu. Où sont passés les bourgeois, les gens propres sur eux, les *blancos* que cherche à conquérir Manuel Valls ? Soudain, à ma grande surprise, une famille de trois personnes monte dans le wagon, impec, classe moyenne typique. Je suis rassuré, jusqu'à la station suivante, quand j'entends le père s'adresser à sa femme avec un accent du midi à couper au couteau. Des ploucs, quoi !

Invariablement, au mois d'août je me pose la même question : pourquoi les commerçants ferment-ils tous au même moment ? « Parce qu'on n'a plus de clients », m'explique monsieur André, mon marchand de journaux, qui se taille vite fait bien fait lui aussi. Son explication tient de la poule et de l'œuf car je soupçonne que les gens partent justement à cause de la fermeture des boutiques. Et de celle des services publics ! On dirait une épidémie pestilentielle. Tant pis. Privé de boulangerie dans un rayon de deux cents mètres à la ronde, je me mets au régime *Harry's Bread*, ce qui me rappelle mon enfance à Columbus, au fin fond de l'Ohio, et vlan, nouvelle cause de déprime.

S'il existe un seul commerce à Paris qui devrait profiter de l'été, c'est bien la fameuse brasserie de l'île Saint-Louis, non ? Située sur la pittoresque pointe ouest de l'île, avec une vue superbe sur la Seine et Notre-Dame, les touristes s'y précipitent, les poches pleines d'euros. Mais non, la brasserie ferme tout le mois d'août. Désolé, on baisse le rideau. Un jour je suis passé devant l'établissement au début du mois de juillet et je me suis étonné du manque à gagner auprès d'un serveur, qui se sentit presque agressé.

« Mais il faut bien se reposer ! me répondit-il.

— D'accord, mais il existe des intérimaires à l'ANPE, non ? Vous pourriez rester ouvert en les faisant bosser. »

Dialogue de sourds. Pas la peine d'insister. Et tant pis pour le taux de chômage.

La brasserie ne fait pas cavalier seul sur l'île. Quand la température monte au plus haut, le glacier Berthillon plie également bagages. Comme s'ils prenaient au pied de la lettre un des slogans de Besancenot : « Nos vies valent plus que leurs profits. »

Pas grave, me dis-je. Avec la chaleur estivale, rien de mieux qu'un peu de natation pour se rafraîchir en se musclant. Hélas, la piscine municipale de mon quartier, rue Thouin, est fermée « pour travaux » du 6 juillet au 24 août. Quels travaux, nom de Dieu ? Changer une ampoule, je parie. Chaque été, ils trouvent un prétexte qui permet au personnel de se casser.

J'arrête de m'énerver, car le plus lâche, c'est moi. Tel le révolutionnaire Tchen imaginé par André Malraux, je suis déçu par moi-même, je manque de courage. Au début de chaque été, je me fixe un ou deux objectifs pour profiter de la tranquillité à venir. Cette année-là : repeindre la cuisine. Victime de la torpeur, je n'ai même pas acheté la peinture. Comme d'hab. En 1997, c'était apprendre un peu d'arabe. En 2004, lire Michelet. Mais rien, je n'ai rien foutu, rien de rien !

La télé ? Que des redifs. Le cinéma ? Des navets. Non merci. Et en outre, il faut se taper les juilletistes bronzés qui rentrent, l'air désemparé, comme les soldats de la retraite de Sedan.

En bref, je m'ennuie. J'ai rien à faire.

Paf, c'est à ce moment-là que l'ami Jean-Paul me téléphone de Quiberon.

« Ça va ? me demande-t-il d'un ton inquiet, comme si j'étais agonisant.

— Super ! dis-je en forçant sur l'enthousiasme.

— Et la cuisine ? Tu l'as finie ? »

Il est sadique ou quoi ? Je ne me laisse pas faire. Question d'orgueil.

« Pas eu le temps, mon vieux. Trop de taf ! »

Le pont du 15 août approche, l'horreur, quand soudain, un soir je craque, comme sous une torture empruntée aux Nord-Coréens par la CIA. Je me précipite sur le téléphone pour appeler un ami, une vague connaissance, n'importe qui à Paris avec qui je pourrais déjeuner ou prendre un verre. Quelques instants plus tard, je comprends que les numéros de portables sont ce qu'il y a de pire : on me répond de la plage du Lavandou. Je me rabats sur les fixes afin d'avoir une chance de tomber sur des gens physiquement présents à Paris. L'exercice est pénible et ne fait qu'augmenter mon blues. Je supporte à peine les messages, genre, « Je suis en vacances au Cap-Ferrat jusqu'à la fin du mois, mais laissez-moi un message ou appelez-moi sur mon portable au... ». Tous des cossards.

Le désespoir commence à me gagner, grave, jusqu'au moment où une idée germe au milieu de la désolation : et si j'essayais les bourges que je méprise, les connaissances sans intérêt, ceux à qui j'ai dit « On s'appelle ! » sans en croire un mot. Il faut à tout prix que j'élargisse ma palette, tant pis si je racle le fond de mon carnet d'adresse !

Hélas, cette stratégie ne marche pas mieux. Une demi-douzaine d'appels et je tombe sur un couple rencontré dans une soirée il y a des lustres : ils sont retenus à Paris car lui est gravement malade. Pendant trois quarts d'heure, le pauvre s'agrippe à moi comme à une bouée de sauvetage pour me raconter ses déboires avec le corps médical. Derrière lui, j'entends sa femme demander, de plus en plus insistante : « Mais qui c'est, chéri ? » Le malade ne répond pas, car il n'a pas saisi mon nom. Il a juste besoin de l'oreille confiante que je suis. Bien sûr, je lui souhaite d'aller mieux et surtout, bonne chance pour les résultats d'examen qui doivent arriver sous peu. On se promet de se voir « très » vite, mais la vérité, c'est que je n'en peux plus.

Rien n'a marché, et, signe de ma détresse sans fin, je me prépare à l'inévitable, l'humiliation suprême : essayer les « intouchables » de ma vie, les anciennes petites copines avec qui ça a très mal fini. Je suis prêt à me prosterner comme l'empereur Henri IV aux pieds du pape à Canossa, les prier d'accepter de dîner avec moi, sans rancune, en tout bien tout honneur, dans le restaurant de leur choix.

Tout à coup, le téléphone sonne. Je sursaute car j'étais loin de m'attendre à ce que quiconque m'appelle. Ça fait des jours que le téléphone ne sonne plus, que les e-mails ont cessé et qu'on ne frappe plus à ma porte. Encore un vendeur de fenêtres à double vitrage, ou le voyant africain qui m'a déjà laissé trois messages publicitaires pré-enregistrés (« Si vous désirez en savoir plus, tapez 1... ») ?

Ni l'un ni l'autre.

« Allo, Ted ? demande mon interlocuteur, la voix presque chevrotante. C'est moi, Pierre-Antoine. Tu te souviens de moi ? »

Pierre-Antoine ? Je ne connais pas de Pierre-Antoine. Je m'interroge... Un inconnu, et qui me tutoie. Je panique.

« La conférence de presse au quai d'Orsay en 1974 ? J'étais stagiaire à *L'Aurore*, tu te souviens ? On a déjeuné ensemble une fois... »

Du fond de ma mémoire, je commence à comprendre qu'il s'agit d'un vague collègue journaliste que j'ai vu deux ou trois fois il y a plus de trente ans. Petit à petit, le profil de ce Pierre-Antoine se précise. Je me souviens d'un grand brun célibataire avec une tête de cheval et une dentition catastrophique, qui m'avait saoulé au déjeuner avec la passion de sa vie, les timbres préoblitérés de l'avant-guerre. Comme j'ignorais l'existence de ces timbres objets de toutes les convoitises, j'avais trouvé le repas un peu longuet. Pas étonnant que le mec soit vieux garçon, j'en avais méchamment conclu.

« On s'est un peu perdu de vue, mais je voulais te saluer », enchaîne Pierre-Antoine avec une simplicité touchante.

Et me voilà ravi de reprendre contact avec lui. Ma méfiance fond comme Häagen-Dazs au soleil. Cher Pierre-Antoine ! Un cadeau du ciel ! Finalement je me souviens d'un type gentil, aimable et cultivé. Qui en plus a le bon goût d'être à Paris. Nous fixons un rendez-vous pour déjeuner ensemble, de vraies retrouvailles.

À peine ai-je raccroché, les doutes m'assaillent : pourquoi s'est-il donné la peine de me retrouver, après trente ans de silence ? Est-ce parce que lui aussi se morfondait et cherchait quelqu'un – n'importe qui – pour rompre cette insupportable solitude ? Parce qu'il raclait le fond de son carnet d'adresse comme moi ? Je serais donc le fond de son carnet... Pauvre mec.

Aussi sec, j'ai envie d'annuler le rendez-vous avec ce salaud. Mais je me retiens : j'ai le choix entre les préoblitérés de Pierre-Antoine et les reproches jamais épuisés de l'une de mes ex. Mieux vaut les timbres, me dis-je en me calmant. D'ailleurs, au cours des deux jours qui précédent notre déjeuner, preuve de ma bonne volonté, je m'initie vaguement à la philatélie sur Internet afin d'alimenter la conversation à venir.

En fin de compte, le repas avec Pierre-Antoine ne s'est pas trop mal passé, même si ça faisait un peu déjeuner de *losers*. Assis à la terrasse d'un café, nous nous sommes offert un bon tournedos avec une salade. À ma grande surprise, Pierre-Antoine n'a pas évoqué les préoblitérés, préférant se lancer sur un tout autre sujet – son licenciement d'une boîte de com' treize ans plus tôt. Treize ans ! Il en a parlé pendant deux heures, sans que je puisse intervenir, comme si tout ça s'était passé la veille. Au cours du déjeuner, notez, j'ai appris beaucoup sur les prud'hommes. Avec Pierre-Antoine, une obsession en chasse une autre.

De retour chez moi, j'ai définitivement rayé Pierre-Antoine de mon carnet.

En attendant le mois d'août suivant, bien entendu.

8

Kant au camping

« O n y va comme dans un club de vacances ! »
s'exclama Vincent Delecroix, jeune écrivain et
philosophe, apprenant qu'il venait de décrocher une bourse d'études pour la Villa Médicis à Rome.
Puis il se reprit pour ajouter : « Cela dit, c'est vrai qu'il
faut être à la hauteur. »

Ah, quand même.

Il est vrai que les dix-huit heureux pensionnaires de cet
extraordinaire palazzo du XVIe siècle n'ont aucune obligation de résultat pendant les six mois de sinécure que leur
offre la République française, avec un salaire mensuel de
2 500 euros et Rome à leurs pieds. Quant au poste du
directeur de la villa Médicis, prestigieux mais discret
jusqu'ici, il est devenu en 2008 un enjeu médiatique déli-
rant, l'objet d'un combat de pitbulls de la culture, finalement remporté par Frédéric Mitterrand. La bataille fut
plus rude que celle des meilleurs banquiers du monde bri-
guant la présidence-direction-générale de Goldman Sachs
à New York.

Pour comprendre la violence de cet épisode, il faut
savoir que le mariage du soleil et de la culture est aussi
grisant pour les Français que celui du vermouth et du

gin pour les Anglais. Et certains vacanciers préparent leurs semaines de bronzage annuelles comme si c'était l'agrég, en potassant des manuels d'histoire, d'ethnologie, de littérature et de culture générale.

Est-ce vraiment surprenant pour qui sait que la France est un peuple de lecteurs, ce qu'explique largement la qualité médiocre de la télévision ? Sauf qu'en été, la mise est double. « Pour se faire aimer des Français, il suffit de flatter leur intelligence », insistait déjà le romancier allemand Thomas Mann. Le fait est qu'il n'y a qu'en France que des millions de citoyens se prennent pour Claude Lévi-Strauss ou Gustave Flaubert dès que les beaux jours arrivent.

Le phénomène est fort sympathique quand il s'agit de Sylvie, une jeune femme divorcée et autodidacte qui potasse tranquillement avant chaque départ, mais qui ne peut s'empêcher de partager ses connaissances récemment acquises. « Oui, mais la conquête arabe a beaucoup apporté en Sicile », observa-t-elle un jour alors que la conversation tournait autour de la désormais fameuse question de l'identité nationale. Toute la tablée comprit sur-le-champ qu'elle s'envolait bientôt pour Palerme. Plus tôt dans l'année, avant un week-end prolongé dans la région de Pau, notre chère Sylvie avait dévoré une biographie de Jules Vallès, né dans la capitale du Béarn ; et avant d'aller en Inde, plus tard cette fois-ci, elle devint experte de la mutinerie de 1857, prélude au Government of India Act de 1858.

Pourquoi Sylvie ne se contente-t-elle pas de glaner quelques renseignements dans les guides français dont la plupart proposent un peu d'histoire ? Mystère du génie national. Qu'elle dédaigne les guides américains, on la comprend, car ils privilégient systématiquement les infos pratiques, tels les horaires des banques et le prix des taxis.

Cette aspiration à vouloir combler de manière intelligente le vide des vacances est particulièrement frappante quand on regarde les couvertures de la presse hebdomadaire. Dès le mois de juillet fleurissent les unes annonçant des sujets qui ailleurs seraient réservés aux publications universitaires. « Nietzsche, le philosophe des temps modernes », titre ainsi *L'Express*. « Sade, le philosophe de la transgression », titille *Le Point*, avant de proposer deux semaines plus tard, « Pascal, un génie français ». « Les philosophies de l'amour. Platon, Saint-Augustin, Rousseau, Fourier, Kierkegaard, Sartre, Levinas... » surenchérit le *Nouvel Observateur* en juillet, revenant à la charge en août avec la délicate formule, « Bronzez intello ».

Une fois le plein fait sur la philo, les journalistes changent de vitesse et passent à l'histoire de France, appâtant le chaland avec des thèmes réputés porteurs et consensuels : « Les reines de France », « Henri IV », ou mieux, « Les femmes au pouvoir », de Diane de Poitiers à la princesse du Piémont déguisée en Pompadour, Carla Bruni. En été, l'histoire se doit d'être un minimum people.

Allez, avouez ! Vous n'auriez pas envie d'un bon roman anti-cérébral de Guillaume Musso ? Heureusement qu'un Michael Jackson meurt régulièrement en plein été, offrant à notre matière grise un vrai répit et l'occasion de se vautrer dans les commérages les plus improbables.

Ainsi font et vont les intellos français. Oui, l'Angleterre mérite le titre du « berceau historique du tourisme », selon le sociologue Jean-Didier Urbain, grâce à la publication par Thomas Cook du premier magazine de voyage en 1851. Cependant, si les Anglais ont inventé les départs, les Français les ont brevetés en leur conférant une vocation d'intelligence.

Et pour cause, car il fallait à tout prix se démarquer du modèle fasciste de repos annuel qui avait devancé le Front populaire et sa réforme de 1936. Dans l'Italie de Benito, comme dans l'Allemagne d'Adolf, les congés payés étaient un moyen de populariser et de consolider le régime en place. Les slogans populaires, tel le fameux *Kraft durch Freude* (« la force dans la joie ») sont typiques de ce souci politique. En France, rien à voir, les vacances sont de l'ordre du progrès social, et à gauche à l'origine.

Les sociologues ne s'y sont pas trompés, qui ont tout de suite fait des congés de leurs compatriotes un objet d'étude approfondie. Ainsi voit-on un Edgar Morin donner sa bénédiction aux vacances en déclarant lors d'une conférence : « Les vacances sont des antidotes à la vie prosaïque. Une partie des citadins... se déprogramment, échappent à la chronométrie. » De même les congés sont immédiatement associés à l'idée de voyage, mais pas n'importe lequel, le voyage culturel et littéraire. Les petits Français sont donc tenus de savoir dès le plus jeune âge que les monstres sacrés de leur littérature, Flaubert, Stendhal ou Mallarmé, étaient de grands voyageurs, dont les éditeurs ne manqueront jamais de rééditer les récits passionnants et édifiants.

Certains n'hésiteront pas à vous châtier si vous manquez de donner une dimension culturelle à vos vacances. Certes, le désir de détente est « légitime », selon le voyagiste Hubert Debbasch, du groupe Terre Entière, mais il risque de devenir « vide de sens si l'on ne découvre pas une destination en profondeur ». D'où l'incroyable diversité de l'offre des « croisières culturelles » : à bord du Princess Daphné qui vous emmènera découvrir la Libye, ou en partenariat avec *Le Monde diplomatique*, ou encore avec le

CNRS. Un tel voyage, ça vaut presque un diplôme de la fac.

En France, les vacances pas bêtes, ça marche, autrement dit et comme le résumait *Le Point* : « Kant au camping ». L'hebdomadaire signalait sous cette formule le succès foudroyant d'une collection de *Cahiers de vacances pour adultes*, bientôt copiée par le CNRS qui lança son propre *Cahier de vacances philo*, où l'on apprenait en barbotant que c'est Hegel qui a écrit « le nègre représente l'homme naturel dans toute sa barbarie ». Inutile d'insister pour dire que ce genre de divertissement est une spécificité hexagonale, de même que les sites web qui proposent aux lycéens de passer l'été en réfléchissant à une question telle que « Notre perception nous renseigne-t-elle sur le monde ? » entre deux plongeons dans l'océan et retour sur la serviette pour s'assurer un bronzage équilibré et salutaire. Les Français sont les seuls à imaginer se détendre au bord de la mer avec un best-seller interactif sur la grammaire et l'orthographe ou sur la philo, même si 25 % à peine de ces éternels étudiants finissent leur cahier de vacances.

Parfaitement conscient de ce besoin intellectuel et culturel vital, l'État y apporte sa contribution avec la générosité d'une Liliane Bettencourt. C'est ainsi qu'en été la France voit pousser les festivals comme les champignons. Sans blague, ces manifestations se chiffrent par centaines, à tel point que même les spécialistes n'arrivent pas à les recenser. À Rennes, les spectacles de rue sont si nombreux que la municipalité a jugé bon de les limiter à certaines zones. C'est dire !

Parangon de cette « festivalite » aiguë, le festival d'Avignon, celui dont on parle le plus puisqu'il existe depuis plus de soixante ans. Cette grand-messe culturelle est devenue une célébration incontournable pour les Français, ou plutôt pour les 3 000 qui ont les moyens (et l'envie) de s'y rendre, car si l'événement est lourdement subventionné par l'État, le séjour, lui, ne l'est pas. Et Dieu sait si la cité des Papes peut se révéler chère en cette période où les hôtels affichent complets. Pourtant, grâce à une couverture médiatique exceptionnelle, le festival d'Avignon donne l'impression d'élever le niveau culturel de 99,9 % de Français qui n'y mettront jamais les pieds – confirmation du lien sacré qui existe entre vacances et culture au pays de Molière.

Je ne suis pas dupe. La connaissance en question avait été elle-même une des rares à avoir l'honneur d'une visite privée du château de Picasso à Vauvenargues, visite dont elle était sortie grisée, comme si elle venait de découvrir l'art du génie espagnol. Soudain métamorphosée en groupie du peintre, elle couvrit sa table basse de beaux livres sur l'artiste, une passion qui remplaça celle du « off » d'Avignon de l'été précédent.

Ce genre de lubie serait-il lié à l'attrait des stars ? Il suffit qu'une Jeanne Moreau ou un Gérard Depardieu lise en Avignon un texte sur une estrade savamment éclairée pour que tous s'extasient. Pas la peine de jouer ni de mettre en scène, ça demanderait un effort et des répétitions. On se contente d'une « mise en espace », tellement plus dépouillée.

Mais les Français ne sont pas complètement crétins, même si l'argent du contribuable sert à conforter cette idée de la France comme terre de *Kultur*. Pragmatiques, ils n'hésitent pas à se féliciter de la venue de monstres sacrés américains, tels Travolta, Di Caprio, ou Woody Allen qui abandonnent un Hollywood sans subventions pour venir tourner chez eux, grâce au crédit d'impôt de 20 % offert aux étrangers par le ministère de la Culture.

« Un bel été de tournage », titrait récemment *Le Figaro-Coq* pour signaler la présence sur le territoire français de ces artistes glamour attirés par la manne.

Dans le même esprit, afin de justifier tout leur temps libre et lui donner un sens, les Français ont offert au monde la notion de MUSÉE, ce haut-lieu de l'art, de la mémoire et du savoir, lié à l'idée fausse qu'on peut se cultiver en restant debout. En France, depuis un demi-siècle, on ferme les usines pour ouvrir des musées.

« On a vu des musées super chouettes ! » entendis-je s'esbaudir une voisine à son retour de vacances alors qu'elle déchargeait le coffre de sa voiture. Pourquoi parlait-elle si fort ? Pour que tout le quartier sache qu'elle avait bronzé utile.

À ce train-là, il est inévitable que les conservateurs de musée, toujours avides de nouveaux thèmes, exploitent le filon, et les expos sur l'histoire des congés commencent à rivaliser avec les grands-messes sur les impressionnistes ou les momies égyptiennes. Le musée de la Poste à Paris proposa pendant tout un hiver une exposition intitulée « Les vacances, quelle histoire ! » en partenariat (sans surprise) avec la SNCF. De même qu'on exalte l'art du graffiti à la fondation Cartier, pourquoi pas *Les Vacances de monsieur Hulot* au Louvre ?

La culture populaire n'a pas non plus raté le coche. On ne compte plus les films, des différentes déclinaisons des *Bronzés* à *Camping*, et les imitateurs qui brodent sur le thème des vacances franchouillardes sur le mode « y'a de la joie ». On est loin des films sinistres de l'époque d'avant-guerre, tel *Le jour se lève* de Julien Duvivier, où un Jean Gabin troublé et troublant jouait le rôle du pauvre prolo ayant désespérément besoin de ces congés payés que le Front populaire venait d'instaurer.

En bon protestant américain, je suis tenté de croire que le mariage vacances/culture trahit un léger sentiment de culpabilité chez les Français, dont le temps de repos est exceptionnel par rapport aux autres pays.

Pendant ce temps-là, les Chinois, les Indiens et autres damnés des pays dits émergents bossent comme des chiens pour nous fournir les casseroles, écrans plats et baskets que nous achèterons tout le reste de l'année. Histoire de rappeler que les vacances, culturelles ou pas, sont une exclusivité réservée aux sociétés riches.

Sans ça, pas de séjours tous frais payés à la villa Médicis.

9

« Eh bien, dormez maintenant... »

Malgré ce qui s'est dit pendant les années Bush, les Américains aiment bien les Français. Si, si, je vous promets. Certes, nous vous reprochons de ne pas parler une autre langue que le français – car nous-mêmes ne parlons aucune langue étrangère, à commencer par l'anglais. Mais nous avons notre panthéon de grands hommes ayant servi la France. Ils ont pour nom Jean-Jacques Cousteau, Maurice Chevalier ou Audrey Tautou, celle-ci étant la descendante de Jésus et Marie-Madeleine, d'après l'évangile selon saint Dan Brown.

Votre véritable ennemi héréditaire, sachez-le, c'est la perfide Albion, qui vous traite irrespectueusement de *frogs* (« grenouilles »), qui ne vous pardonne toujours pas la déroute de 1940, et qui vous soupçonne de vous nourrir principalement d'abats, cette dernière accusation n'étant pas complètement fausse. Les Anglais sont un peuple qui, dès qu'il daigne regarder au-delà de ses côtes et surtout vers le Sud, ne voit que des malpropres et des resquilleurs. « Les *wogs* (métèques) commencent à Calais », dit-on communément dans les pubs du East End de Londres. Ces préjugés sont insupportables. D'ailleurs, nous, les Américains, sommes franchement offensés quand vous nous associez à ces infâmes *rosbifs* sous le terme d'« Anglo-Saxons », mais passons.

Autre préjugé britannique sur la France : depuis la nuit des temps les Français se seraient principalement illustrés dans l'art de ne rien faire, ce qui, dans la bouche des Anglais, n'est guère un compliment. *The Economist,* hebdo british on ne peut plus sérieux, décrit depuis toujours les Hexagonaux comme *work shy,* autrement dit réticents au travail. La normalement courtoise reine Victoria avait déjà donné le ton en traitant la France de « nation pour laquelle, à quelques exceptions près, la vérité n'a aucune valeur, et qui vit de vanité, d'illusion, de divertissement, d'autoglorification et de paresse ». Rassurez-vous, je suis aussi choqué de lire ces propos blessants, et j'espère toujours un démenti formel du palais de Windsor...

Tenez-vous bien, il y a pire. Car aujourd'hui c'est Graham Robb, grand historien anglais francophile et biographe de Hugo, Mallarmé et Rimbaud, qui trouve que vous êtes des dormeurs génétiques indécrottables. Oui, j'ai bien dit que cet éminent savant était francophile. Il est même l'auteur d'un *Baudelaire, lecteur de Balzac* publié chez José Corti. Mais dans son livre intitulé *Discovery of France* (non traduit en français à ce jour, on se demande pourquoi), il consacre plusieurs pages à brosser un portrait peu flatteur de vos aïeux, à l'époque où l'Angleterre, elle, se lançait à corps perdu dans la Révolution industrielle.

« Les fonctionnaires et les économistes [de Paris] qui s'aventurèrent dans la campagne après la Révolution furent choqués de constater que la main d'œuvre cessait d'exister entre l'automne et le printemps. Des Flandres jusqu'en Provence, les champs demeuraient déserts. Les villages étaient silencieux. À peine une colonne de fumée indiquait-elle une présence humaine. Avec la venue de l'hiver, partout en France on s'enfermait pour pratiquer l'art de ne rien faire pendant des mois [...] un décret communal semblait avoir ordonné à tout le monde de rester au lit aussi longtemps que possible... même dans les zones tempérées. »

Le ton de mister Robb a beau être un tantinet méprisant, la question se pose tout de même : le Français est-il fainéant par nature ? La réponse est bien sûr non, et un non formel. Un pays qui a fourni au monde des avancées aussi fondamentales que le CV anonyme, les noms à double tiret, les terrasses de café enfumées et les grèves de cinquante-neuf minutes est un pays qui contribue pleinement à l'essor du développement économique mondial. Cependant laissez-moi vous donner l'exemple de quelques détails qui me chiffonnent.

Le fait est que les Français d'aujourd'hui, à l'image de leurs ancêtres, optent pour le « moins faire dès que c'est possible ». Selon une étude menée dans les pays de l'OCDE, les Hexagonaux seraient les champions du sommeil, avec une moyenne de neuf heures par jour, comparée à une moyenne générale de 8 heures 22 minutes. Si je fais le compte, en un an, un Français dort quelque 180 heures de plus que ses voisins.

D'où, sans doute, une certaine crispation autour de la question des RTT, un terme intraduisible dans les 6 700 langues de la planète, non seulement parce que ce concept n'existe qu'en France mais parce que le mot est trop laid. À la fin de l'année 2007, certains ont cru que le réformisme de Nicolas Sarkozy allait balayer cette exception française, dont *Le Monde*, qui peinait à dissimuler son inquiétude face à la perspective de la disparition de cette

« innovation sociale ». En effet, la droite politique (elle aussi un peu rêveuse) avait déjà voté trois lois pour assouplir les RTT, et voilà que le nouveau président de la République incitait les salariés à les « monétiser » afin de relancer la consommation.

« Que restera-t-il des 35 heures d'ici quelques mois ? », demanda, l'air catastrophé, la journaliste Virginie Malingre. Elle aurait dû faire confiance à ses compatriotes qui, dans leur sagesse, refusèrent cet échange de temps libre contre quelques kopeks. Six mois après le début de cette campagne, plusieurs sondages montrèrent que seul 11 % des salariés accepteraient de troquer leurs RTT contre rémunération. La résistance fut particulièrement féroce parmi les jeunes de 25 à 34 ans – bonjour l'avenir de la France !

Mon ami Jean-Paul, qui couve et compte ses RTT comme l'oncle Picsou ses pièces d'or, appartient évidemment à cette majorité. Pas question de vendre une action RTT. « Tu es en train de me dire qu'il faudrait que je "monétise" ces quelques jours de repos que j'ai gagnés à la sueur de mon front ? Tu peux m'expliquer pourquoi ? Pour en payer 30 % aux impôts et une bonne partie du reste en cotisations ? Non, merci, je les garde pour moi. » Telle fut sa réaction, sans appel. Manifestement les barèmes de l'impôt sur le revenu encouragent les cadres bien payés comme Jean-Paul à préférer les congés. Soit.

La campagne de Nicolas Sarkozy, fondée sur le slogan « travailler plus pour gagner plus », n'a pas eu l'effet escompté. On constate que les salariés qui s'estiment harcelés s'absentent de plus en plus grâce aux arrêts maladie, qui coïncident souvent avec les congés scolaires. Ces pics d'absentéisme ont même donné naissance à une nouvelle activité juteuse : des conseillers privés qui sont censés aider les patrons à lutter contre ces « handicaps », plus contagieux que la grippe H1N1 et contre lesquels il n'existe aucun vaccin.

Peine perdue. La France est un cas « atypique », selon Denis Monneuse, spécialiste des ressources humaines, car elle est « à la fois championne des congés et de l'absentéisme », alors que, dans les autres nations industrialisées, explique-t-il, l'utilisation abusive des arrêts maladie diminue sensiblement lorsque les congés payés augmentent. D'où l'utilité pour certains employeurs français des « primes d'assiduité », inconnues au bataillon ailleurs. Denis Monneuse aurait-il lu Graham Robb ?

La situation ne risque pas de s'améliorer puisque vous vous plaignez de ne pas dormir suffisamment. De nouveaux conflits sociaux sont encore à prévoir... Plus de 45 % des personnes interrogées par l'INPES (Institut national de prévention et d'éducation pour la santé) ont exprimé leur souhait de rester plus longtemps au plumard. Selon cet institut, un adulte a besoin de six à dix heures de sommeil par jour. Mais pourquoi cette étonnante marge de 240 minutes ? Et si c'était elle qui faisait la différence entre le déclin et l'essor de la nation ?

Évitons d'ironiser et abandonnons le sommeil *stricto sensu*. Car depuis trente ans, c'est une autre activité passive qui a explosé en France : la télé. Près de quatre heures de téloche quotidiennes en moyenne par Français, selon Médiamétrie, en partie grâce à l'augmentation de l'offre liée au câble, aux paraboles et à la TNT. À votre avis, qui parmi les actifs sont les plus souvent scotchés devant le petit écran ? Les ruraux. Jadis, nos sympathiques paysans se couchaient paisiblement non loin de leurs herbivores, aujourd'hui ils passent des heures à suivre Koh Lanta et les redifs de l'*Inspecteur Barnaby*. Sans rien perdre. Grâce aux subventions de la politique agricole commune de Bruxelles.

Tâchons d'être *fairplay* : il est possible que les Français soient mal compris par le reste du monde industrialisé. Car le travail y est organisé et conçu différemment, d'une façon telle que le pays peut donner une impression de torpeur. Un visiteur américain venu s'entretenir à Paris avec des collègues de son secteur, les assurances, me fit remarquer un jour qu'on ne voyait les salariés français que dans deux états : soit léthargiques, soit frénétiques. « Ils sont d'une indolence totale, et soudain, quelques secondes plus tard, ils triment comme des fous », me déclara-t-il. Tout se passe comme si l'organisation du travail était calquée sur le modèle des maisons closes de jadis, où les filles se prélassaient en attendant de s'activer avec le client. La France travaillant au rythme d'un vaste lupanar d'antan ? J'avoue que l'idée me plaît assez. Les Français savent tout bonnement gérer leurs ressources humaines à leur façon, subtile et malicieuse. *Chi va piano va sano*, comme disent les Italiens depuis des siècles.

Si les Anglo-Saxons sont jaloux, ce n'est pas parce que les Français travaillent moins, c'est parce qu'ils font de cet art de la paresse un culte excessif. Derrière le célèbre mot de Goethe, « *Glücklich wie Gott im Frankreich* » (« Heureux comme Dieu en France ») se cache un certain étonnement, mais aussi de l'envie – envie de ce paradis sur terre où l'on prend son temps et où l'on refuse toute obligation de résultat. Pour les protestants, cette attitude n'est permise à l'homme qu'une fois admis au ciel.

Ce différend avec les Tommies et les Teutons ne date pas d'hier. À peine libérés de l'occupation allemande en 1944, les Français, d'après les Alliés, n'avaient qu'un but : renouer avec le bon temps. Dans leur livre intitulé *Paris after the Liberation*, les historiens Anthony Beevor et Artemis Cooper révèlent que l'idée de célébrer la victoire sur le nazisme sous forme de jours chômés agaçait fortement le commandement du général Eisenhower qui continuait à se battre contre la Wehrmacht. La production charbonnière française chuta de 80 % pendant la semaine de la fête de la Victoire de 1945, alors que Paris exigeait des livraisons supplémentaires de charbon depuis la Ruhr. Un rapport militaire américain commente ainsi le paradoxe : « Ils ne s'occupent pas de reconstruire leur économie. » Évidemment, la comparaison avec les Allemands vaincus qui se précipitaient au travail était implicite. Heureusement, les Trente Glorieuses permirent de briser ces clichés transmis par les *Übermenschen* de l'Europe laborieuse.

Alors, faut-il se tourner vers les ethnologues pour comprendre cette oisiveté si décriée, cet irrésistible penchant pour l'oreiller ? On sait que la France s'est coupée de ses racines campagnardes plus tard que les autres pays industrialisés. Qui sait si elle n'aurait pas gardé quelques liens avec les chasseurs-cueilleurs de sa préhistoire ? Selon des chercheurs reconnus, la planète possède encore quelques tribus de chasseurs-cueilleurs sur le continent africain. Les Hadzas de Tanzanie, par exemple, ou les Kungs du Botswana, qui travaillent quatorze heures par semaine en moyenne, et depuis toujours. La semaine de quatorze heures ! Un rêve ! Pourvu que le PS ne tombe jamais sur ces chiffres...

Allez, une dernière pour illustrer l'antagonisme entre les fourmis anglo-saxonnes et les cigales françaises. Une enquête récente révélait que les Américains sont capables de laisser filer trois jours de congés par an en moyenne. Un journaliste américain participant à cette enquête contacta l'Insee pour savoir combien de jours de vacances étaient non-utilisés en France. La réponse ne se fit pas attendre :

« C'est une blague ? »

10

Médiatique et toc

«**U**ne bonne nouvelle pour commencer !» s'exclame Françoise Laborde en ouvrant le journal télévisé de France 2. Et la sympathique journaliste de nous apprendre que Jack Lang accordera trois jours supplémentaires de vacances à la Toussaint. Bonne nouvelle, en effet, surtout pour le ministre de l'Éducation nationale, car à aucun moment on n'entendra le moindre mot critique ni la moindre remarque sur le coût éventuel de ce petit cadeau pour l'économie du pays.

La politique du « toujours plus de loisir » est très rarement contestée par la gente journalistique pour qui ce « toujours plus » rime forcément avec progrès social. « Cela tombe bien », renchérit dès le lendemain Charles de Saint-Sauveur dans *Le Parisien*.

Jamais depuis que le *New York Times* a soutenu George Bush partant en croisade en Irak ou, plus loin dans l'histoire, depuis que la presse parisienne se fit payer pour promouvoir les obligations tsaristes (qui allaient ruiner des milliers d'épargnants français), les médias ne s'étaient autant aveuglés. Aujourd'hui, même les critiques gastronomiques sont accompagnées d'avertissements sur les risques de surpoids et les dangers de l'alcoolisme, et les publicités pour le tabac assorties de mises en garde contre le cancer. Mais pour les journalistes, le repos, encore le repos et toujours le repos, ça ne peut faire que du bien.

Je le dis d'emblée, accepter sans hésitation une politique qui vise systématiquement plus de temps libre me choque, surtout que les reporters français ne sont pas dupes. D'accord, avec les 35 heures, on a vu quelques doutes poindre, mais plutôt pour la mise en application chaotique de la loi que pour la loi elle-même. Personne n'était là pour demander si travailler moins – et par conséquent augmenter le coût de la main d'œuvre, notamment dans la branche industrielle – pouvait se traduire par plus de chômage. Les médias refusent de poser la question car elle est jugée presque hérétique : a-t-on jamais vu le témoin d'un autodafé interroger ses bourreaux ?

Comment s'étonner quand on voit les présentateurs de la télé s'adonner au rite de la photo sur la plage et devenir de véritables pom-pom girls de la folie estivale, tout en condamnant les téléspectateurs qui n'ont pas les moyens de partir aux tristes grilles d'été (et ce dès la mi-juin) et aux redifs de papy ? C'est pas grave, eux, ils s'amusent comme des fous. Ainsi voit-on dans les pages de *Closer* le garçon de plage Laurent Delahousse sortir de l'écume en Corse telle la Vénus de Botticelli, la grâce en moins. La chaîne M6, elle, avance son pion de la saison en la personne de Claire Barsacq, assise sur la plage à Arcachon, où le reporter de *Paris-Match* a la décence de ne rien lui demander sur l'état du monde. Il y est plutôt question de seins nus, que la présentatrice dit refuser par déontologie. Audrey Pulvar, elle, ne nous refuse pas ses jambes longues et fines, exposées devant l'entrée de sa grande ferme normande. Sans parler de Guillaume Durand et sa jolie famille recomposée sur la plage à Biarritz, suivis la semaine d'après par Marc-Olivier Fogiel, les pieds dans l'eau à Porto-Vecchio. Enfin, on comprend que Bruce Toussaint assure le déploiement de sa carrière professionnelle de sbire de Canal Plus quand on le voit sur la plage des Portes-en-Ré, un pied reposant tranquillement sur un téléviseur enfoncé dans le sable.

Tout le monde n'ayant pas l'âge de poser en bikini, le choix du décor en dit long sur la personne, comme jadis le choix entre le Jockey-Club ou la franc-maçonnerie. Plus sobre, le journaliste politique Jean-François Kahn nous épargne ses bourrelets d'amour en recevant ses amis sur « la terrasse carrelée de son moulin de l'Yonne », raconte *Le Point*. Utile pour sa quête d'un mandat dans la France profonde. Quant à Jean-Luc Hees, patron de Radio France, l'été ne fait que prolonger son stress de super manager car il doit réconcilier sa passion pour la Normandie (où monsieur entretient de superbes canassons) avec l'amour de sa femme, anglaise, pour Venise. Et Paris ? Il ne connaît pas les rues de son quartier.

Cependant, c'est à Claire Chazal que revient le titre de lionne des plages parmi les journalistes, et reine des questions molles pour les invités de son plateau. Laurence Ferrari lui a peut-être ravi le JT de 20 heures en semaine, mais elle a l'intelligence de ne pas défier la reine Chazal sur ce terrain sableux. Ferrari, elle, se marie sagement à Paris. Le contraire eût été une cause de guerre civile.

En matière de vacances, nos reines du PAF sont pourtant détrônées par le pape du farniente, Jean-Pierre Pernaut, présentateur du 13 heures de TF1. L'« Ave Maria » est au culte de la Vierge ce que la parole de Pernaut est à la religion du tourisme, un hymne quasi miraculeux, et extrêmement porteur en Audimat. Rien de ce qui fait la

France à la fois chic et franchouillarde n'est jamais oublié par les équipes de JPP en été : ni le bazar de Dinard, ni la dune du Pila à Arcachon, ni le vieux marché de Saint-Renan, ni le jardin de l'abbaye de Valloires, ni les dentelles de Montmirail, ni le naturisme de l'île du Levant, ni les villas de Saint-Jean-Cap-Ferrat... ni, j'adore ! les contrôleurs de la Direction générale des fraudes que l'on retrouve chaque année en juillet en mission pour repérer les crevettes congelées dans les restaus (on se demande ce qu'ils fichent le reste de l'année). Pernaut, c'est un peu la *Pravda* des vacances, le bolchevisme en moins, mais l'objectivité et l'esprit critique en plus.

Qui sait d'ailleurs si Pernaut est un journaliste ou un agent du service public ? À lui seul, l'énergumène fait sûrement baisser la tension artérielle du pays de façon plus efficace que l'Assistance publique. Appelons ça la « thérapie par les vacances ». Sur le plateau de son journal, l'ambiance est bon enfant. Loin des cités en crise et des manifs quotidiennes, l'homme nous offre un répit. On peut penser à autre chose qu'aux Airbus qui se crashent. Quand Pernaut annonce le 29 juin que « les premiers vacanciers arrivent dans les campings », des millions de téléspectateurs murmurent un « ouf » de soulagement qui vient du fond du cœur. Et quand, après un reportage particulièrement haut en couleurs, il s'exclame « Quel beau pays nous avons ! », le spectateur n'est pas loin de l'extase des poètes romantiques du XIXe siècle. Moi-même, quand il m'arrive de regarder le journal chez moi avec une bonne omelette au fromage des familles, j'ai presque envie de répondre à JPP par un « Oui, mille fois oui ! » aussi enthousiaste que benêt.

Et l'actualité alors ? Pour la caste journalistique, souvent accusée de paresse, qui publie parfois les dépêches des agences de presse telles quelles, les vacances offrent une trop belle occasion pour appliquer la loi du moindre effort. Qui osera se plaindre après un magnifique sujet consacré aux sports d'hiver ? Personne, évidemment. Je trouve pourtant pénible de voir Lise Doucet, journaliste talentueuse, s'abaisser à faire l'agente de voyage souriante et niaise. Avec « Vacances pas trop chères », tous les vendredis du mois de mai sur France 2, elle conseille des roulottes aux « amoureux des grands espaces », avec demi-pension à 55 euros par adulte, ou 105 euros pour deux la nuit. Qui dit mieux ?

Cet état d'esprit de « vacances à tout prix » va même jusqu'à donner une optique déformée de l'actualité. Le jour où deux touristes françaises de 17 ans se sont tuées parce que leur mini-van a brutalement quitté la route dans le Nevada, un accident hélas banal, l'épisode fait la une du présentateur Julien Arnaud sur TF1. Le même accident arrivé en France et hors vacances n'aurait pas eu droit à un mot. L'anecdote est typique de la hiérarchie des priorités telle qu'elle est appliquée à la télé.

La tendance est tellement forte que c'est parfois le travail lui-même qui est la cible des médias. Ainsi ce brave employé de Price Waterhouse qui travailla le dimanche en avril 2004 et fit condamner son patron à 5 000 euros d'amende. Choquée, Élisabeth Martichou fit de ce crime contre l'humanité le sujet principal de son journal sur RTL.

Les journalistes, vendus ? Eux-mêmes sont les premiers à profiter du système. Au *Monde*, quotidien subventionné par les deniers publics mais menacé par des finances ruineuses, a-t-on jamais vu des journalistes titulaires proposer de sacrifier leurs généreux congés en les réduisant de douze à onze semaines ? C'est déjà deux fois le temps libre accordé à leurs collègues partout ailleurs en Europe, constate Jean Nouailhac dans son enquête publiée sous le titre *Les Médiacrates*. Et l'auteur d'ajouter que les 170 journalistes du *Monde* produisaient plus de colonnes avant les 35 heures que les 250 d'aujourd'hui.

Les journalistes de l'Hexagone le savent parfaitement. À la fin d'un plateau le vendredi après-midi sur LCI, on a vu le présentateur Michel Field s'excuser de partir en catimini et sans remercier ses invités, car il devait prendre le seul vol possible pour aller passer le week-end dans le Lubéron. Tancé par un invité pour ce comportement cavalier, il expliqua, un peu embêté quand même, qu'il s'agissait pour lui, non pas d'un simple repos, mais d'un retour aux sources, car un de ses parents était originaire du Midi. On rêve !

Peu de journalistes acceptent de jouer le rôle de père Fouettard en doutant ouvertement du bien-fondé de ces congés à gogo. Franz-Olivier Gisbert proposa un jour avec ironie d'établir un long espace de non-travail entre le mois mai et les grandes vacances. Christophe Hondelatte se demanda sur RTL si on n'y allait pas un peu trop fort avec tous ces ponts, viaducs et autres enjambements intempestifs. « Les gens qui ont scandaleusement relié le pont du premier mai avec celui du 8 mai méritent... un coup de pied au cul », osa-t-il s'écrier, car ils empêchent leurs enfants d'aller en classe. Il eut le courage de faire avouer à un haut fonctionnaire de l'Éducation nationale que ces comportements ne sont jamais sanctionnés.

La France, un poil dans la main ? Quelle idée !

Pour me calmer l'esprit après cette petite salve, je me tourne vers le journal télévisé de 13 heures.

« Enfin, le soleil arrive ! Oh, que ça fait du bien ! Les vacances commencent... ! » annonce Pernaut.

Ah...

11

Parigots, têtes de veaux !

La scène se passe dans le salon de maquillage de BFM-TV. Je viens d'être témoin d'un échange qui ne peut avoir lieu qu'entre deux Parisiens : le présentateur Karl Zéro et le cinéaste Jean-Pierre Mocky viennent de découvrir qu'ils ont tous deux prévu d'aller dans le Jura pour l'été. « On se verra sur place ! » s'exclament nos deux larrons en foire, souriant comme deux écoliers prêts à faire l'école buissonnière.

Étrange coïncidence, non ?

Mais non, vous vous en doutez ! Tout résident de la ville-lumière qui se respecte est tenu de se réfugier en province en été pour rencontrer... d'autres Parisiens. Les habitants des dangereux territoires sis au-delà du boulevard périphérique, eux, serviront essentiellement de décor, un peu comme autrefois le personnel du château, ou aujourd'hui les serveurs, restaurateurs, jardiniers, gardiens, hommes à tout faire, ou agents immobiliers, vendeurs de cartes postales, commis du terroir et autres pratiquants d'un artisanat qu'il convient absolument de sauvegarder. Au passage faut-il rappeler que, pour les hommes politiques parisiens, la province est une inépuisable réserve de voix ? Madame est priée d'aller faire le marché pendant que monsieur serre les paluches.

Ce rapport d'exploitation nous paraissant un peu cruel, nous avons essayé de nous consoler en songeant que l'augmentation du nombre de jours de repos et la multiplication des résidences secondaires contribuaient à atténuer la violence de ces rapports. Hélas, c'est plutôt l'inverse : plus les uns et les autres se croisent, plus ils s'ignorent.

Les habitants de Paris ont beau parler de « retour aux sources » quand ils se rendent en province, constate le sociologue Jean-Didier Urbain, ils n'éprouvent aucune envie de se mêler aux autochtones, ni pendant les grandes vacances ni pendant un week-end de moins de quarante-huit heures.

En été, le contact entre Parisiens et provinciaux se limite au péage de l'autoroute, quand le citadin dépose quelques pièces dans la main tendue du salarié de Cofiroute. Mais bientôt, avec le péage automatique, même cet échange sera supprimé.

Il n'y a rien à faire, aux yeux des habitant de Lutèce, ces « autres » Français peuvent être investis d'un mandat du peuple et de toutes les décorations de la terre, jamais ils ne pourront se défaire de leur look de... provinciaux. Trop drôle, semble-t-il. Même Élise Barthet, journaliste du *Monde*, se moquait, plutôt gentiment c'est vrai, de deux maires savoyards, Pierre Ouvrier-Buffet et Lucien Marin-Lamellet, qu'elle accompagnait en métro pour assister à un congrès porte Maillot. Ils « ne sont pas du coin... avec leur costume du dimanche et leur chemise à carreaux, c'est peu dire qu'ils détonnent au milieu des passagers mal réveillés de la ligne 12 », écrivait-elle. On avait compris.

De même, vu de Paname, c'est toujours le provincial qui a l'accent. Et la gouaille du titi parisien ou d'Arletty ?

Juste un « marqueur » social, et finalement assez charmant. Résultat de cet ostracisme : même les Anglais installés en Dordogne ou en Basse-Normandie ont plus de contacts quotidiens avec les locaux que les Parisiens, en dépit de la barrière linguistique (ou grâce à elle) – preuve, peut-être, de la très ancienne prétention de la couronne anglaise à la souveraineté sur certaines contrées du royaume de France.

Ce désamour, me direz-vous, les provinciaux le rendent bien aux têtes de veaux, et chaque été. Sur les routes sinueuses qu'ils connaissent comme leur poche par exemple, ils se vengent en intimidant le chauffeur d'une voiture immatriculée 75 et lui collent aux fesses ou l'aveuglent avec des appels de phares. Ou avec des tombereaux de PV qu'ils font pleuvoir sur lesdites voitures. Enfin, vous remarquerez qu'un provincial dit « les Parisiens » avec le même mépris que ceux-ci lorsqu'ils évoquent « les Américains », ces nouveaux riches venus d'ailleurs pour spolier l'économie nationale.

Anecdote typique : apprenant que le couple passant le week-end à Boesses, dans le Loiret, étaient des Américains et non pas des Parisiens, une vieille habitante de la commune leur réserva un accueil extrêmement chaleureux. Nos deux étrangers furent agréablement surpris. « Vous savez, les gens de Paris ne nous disent même pas bonjour », expliqua-t-elle.

À vrai dire la bataille qui sévit entre les deux France en été n'est autre que le prolongement plus visible de celui qui existe toute l'année. Le conflit sur la taxe professionnelle, source de financement importante pour les collectivités régionales, a récemment provoqué une véritable jacquerie parmi les législateurs provinciaux, à tel point que le président du Sénat, Gérard Larcher, ancien vétérinaire de campagne, jugea bon de tancer les élitistes parisiens :

« L'espace rural ne doit pas être un espace de récréation des urbains, mais un espace économique et un espace de vie. »

D'un autre côté, les Parisiens sont des âmes sensibles, et ils ont parfaitement conscience de cette impopularité. Depuis la réforme des plaques d'immatriculation qui rend l'affichage départemental libre, un résident de la capitale peut désormais se rendre en province comme à un bal masqué, ou tel Sarko à Argenteuil. Les chiffres parlent d'eux-mêmes : le nombre de plaques immatriculées 75 a diminué de 60 %.

Réfléchissez encore : pourquoi les Parisiens dépensent-ils des sommes aussi délirantes pour équiper leur maison de campagne d'alarmes et de vidéosurveillance ? Parce qu'ils savent qu'ils sont une cible, parfois un objet d'envie, d'où le soupçon suivant lequel tout autochtone est un cambrioleur en puissance. « Les gens de village pensent à moi comme à "la Parisienne" et pour eux je ne serai jamais autre chose », me confirme une enseignante de l'École normale supérieure de la rue d'Ulm qui prend ses quartiers d'été dans un manoir qu'elle a acheté dans l'ouest de la France.

À peine arrivés en province, les Parisiens n'ont de cesse de rejouer leurs divisions sociales habituelles. À Biarritz en été, le bord de mer est découpé selon les arrondissements de la capitale. La plage de Miramar est réservée aux gens huppés des 16e, 17e et 7e arrondissements, tandis que celle de la Côte-des-Basques est fréquentée par les bobos et les intellos de la rive gauche. Quant aux « défavorisés » des 18e, 19e et 20e arrondissements qui viennent en autobus depuis leur camping, ils sont coincés entre les deux, sur la Grande Plage, où ils ont droit à une « supervision » de la police et des CRS.

« De temps en temps, quelques baigneurs de la Grande Plage vont essayer de s'installer sur la Miramar, mais on leur fait comprendre qu'ils ne sont pas les bienvenus » m'explique un ami qui descend sur la ville balnéaire depuis vingt ans. Et les Biarrots dans tout ça ? De simples spectateurs de la folie nommée « Parisiens en vacances ».

Autre exemple : je discutais il y a peu avec un jeune restaurateur du Lubéron, dont la clientèle est très internationale. Par curiosité, je lui ai demandé quels étaient ceux qui se montraient les plus radins pour le pourboire (tout en le priant de ne pas m'épargner en tant qu'Américain). « Ne vous en faites pas, m'a-t-il répondu, les Parisiens remportent la palme à tous les coups. Y a pas photo ! » Et le restaurateur de m'avouer un secret professionnel : il éparpille les clients parisiens dans la salle de façon à ce que leur pingrerie ne pénalise pas un seul et même serveur.

La lutte entre ces deux conceptions de l'espace vital est évidemment à son comble en Corse, où les habitants du cru ont tendance à penser que les Parisiens n'ont d'autre plaisir que de faire couler du béton sur leur sublime front de mer. « L'ombrageux peuple corse ne goûte pas toujours le clinquant peuple parisien », constate Olivier Toscer du *Nouvel Obs*. Le journaliste venait de raconter les déboires de Jacques Séguéla qui, lassé d'Ibiza et de son village bling-bling San Rafael, fit venir des pelleteuses pour construire 568 mètres carrés de résidence à Cala Longa. Le projet finira par unir les Corses et les écolos contre le roi de la com', les premiers luttant contre le « colon » Séguéla avec force tags, les seconds par un harcèlement d'ordre administratif. Qu'on en juge, tout ça a dû donner un peu de répit à Christian Clavier.

Conclusion, vaut mieux rester chez soi et entre soi.

Autre gang lésinant rarement sur le caviar, celui de l'île de Ré, qui goûte peu à la communion avec les autochtones sans l'intermédiaire de l'agent immobilier, celui-ci préparant le compromis de vente ou le contrat de location et empochant 6 % d'honoraires au passage. Parce qu'ils manquent d'affinités avec les locaux, les Parisiens ont le réflexe de se regrouper pour se protéger contre l'adversité. Lorant Deutsch a ainsi acheté une villa près de Loix, tandis que Sandrine Kiberlain a sa maison aux Portes-en-Ré, non loin de celle de son ex, Vincent Lindon. Quant à ce dernier, il joue à la pétanque avec Élie Chouraqui et André Dussollier (en tout cas, dès qu'un photographe se pointe), avant d'aller s'offrir un rafraîchissement à La Bazenne ou à La Case à Vent. Si vous regardez un peu mieux, vous verrez que Lucchini n'est pas loin, tout comme Jean Becker. La Béart et la Kaprisky, elles, louent aussi dans le coin... Conclusion, l'île de Ré contient autant de Parisiens célèbres que Barbizon compte de galeries d'art.

Dernier exemple en date, le docteur Stéphane Delajoux, neurochirurgien controversé s'il en est, qui a su gagner la confiance des stars, nous explique *Le Point*, parce qu'il les côtoyaient depuis longtemps aux Portes-en-Ré. En effet, coquillages et crustacés semblent plus efficaces qu'une réelle compétence professionnelle pour se faire une clientèle. Il fallait y penser...

Idem à Ramatuelle où le prix du mètre carré a fait fuir les natifs il y a des années. D'un côté vous apercevrez Michel Drucker et Michel Boujenah affalés dans un même hamac. De l'autre, Bernadette Chirac qui côtoie Brigitte Fossey, venue « en amie ». Puis soudain voilà Nagui débarquant pour saluer Patrick Bruel. « Melting-pot des talents », résume sans la moindre complaisance *Paris-Match*. Certes, mais creuset où se mêle stars de la capitale et provinciaux ? Que nenni !

En été, le Parisien privilégie les amitiés de longue date et les valeurs sûres : Jacques Chirac s'affiche avec Pinault, Chazal avec Fogiel, Giraudeau avec Chouraqui... Nourries par le farniente et le beau soleil, ces ententes s'épanouissent manifestement beaucoup mieux quand elles sont loin de la cocotte-minute parisienne, sans compter que certaines peuvent rapporter gros pour les sujets concernés. Un exemple emblématique, l'entente qui lie Carla Bruni à Philippe Val et à Jean-Luc Hess, et qui valut la direction de France Inter au premier et la présidence de Radio France au second.

Il y a plus pervers. Car le vacancier parisien tient à démontrer qu'il considère ses compatriotes qui ne vivent pas en Île de France comme des égaux. Comment ? En invitant régulièrement un ou deux d'entre eux à souper ou à prendre un verre, évitant bien entendu toute référence au *Dîner de cons*. Inévitablement, le bon sauvage est mal à l'aise au milieu de cette galerie de Parisiens. J'étais en Dordogne un été, où l'on m'a raconté comment un des maires adjoints de Belvès fut convié en remerciement de son assistance lors d'un problème de mitoyenneté, mais très vite dépassé par la conversation à table. Heureusement, comme il n'était pas en vacances, il eut la courtoisie de tirer sa révérence dès 23 heures.

Beaucoup de Parisiens ne sont pas prêts à abandonner la province, pour de bonnes raisons cette fois-ci, car celle-ci offre un terrain de rencontres beaucoup plus propice et plus détendu. Quel que soit leur milieu, ils ont compris qu'il est bon de quitter la capitale pour faire connaissance ou pour prolonger une amitié, un amour naissant. L'emploi du temps des citadins est impitoyable. Il ne laisse guère le temps de cultiver de nouvelles affinités, quelles qu'elles soient. Un de mes amis, architecte, qui a rencontré sa femme chez un ami en Ardèche, m'expliqua avoir découvert une autre atmosphère, plus amicale et plus libre. « C'est comme si les différences de classe et de carrière, les inégalités de niveaux d'éducation étaient effacées. Tout à coup on se retrouve homme et femme. À Paris, on traîne toujours derrière soi des éléments de son histoire, dix fois plus qu'en province. » Parole de Parisien.

De façon plus cynique, je constate que pour des relations moins durables, les jolies provinciales sont une proie de choix. Tout dragueur parisien patenté le sait, comme me le confirmèrent plusieurs caméramans de TF1 qui m'ont avoué qu'emballer une petite nana de Nevers ou de Perpignan est un jeu d'enfant, un peu à la manière du cousin Charles et d'Eugénie Grandet si l'on veut. « Il suffit de montrer ta caméra et de parler un peu de Paris et ses boulevards, et hop, les filles ne résistent pas ! »

Il faut croire que les caméramans ne sont pas les seuls à avoir besoin d'aller se requinquer hors les murs, même si l'esprit est un peu différent. Sans les séjours en province, le PAF serait carrément mort. Un producteur de télévision privée m'a montré un jour son agenda pour la période mi-juillet mi-août, encore plus chargé que le reste de l'année. « J'ai des amis et des collègues de province qui sont capables de faire un détour de plusieurs centaines de kilomètres pour qu'on se voie, et moi pareil. » En outre, ce professionnel ajoutait volontiers que faire un saut en province était une preuve d'engagement, pour un projet de film, par exemple. « Après avoir profité de l'hospitalité de quelqu'un, il est plus difficile de décommander un projet par un coup de fil ou par email. » Les Français n'ont pas leur pareil dans l'art de joindre l'utile et l'agréable...

Rien de tout ça n'est très nouveau. Susan Pinkard, historienne de l'université de Georgetown, explique que, dès le XVIIe siècle, les nantis parisiens se métamorphosent en fermiers et vignerons à temps partiel, s'éloignant d'autant plus de Paris que les proches alentours de la ville connurent un boom démographique à l'époque de Louis XIV.

Et depuis des siècles ces rencontres font des étincelles. Au regard des Parisiens, ces impitoyables darwiniens, quiconque n'est pas « monté » à la capitale est forcément un raté, sinon il ne serait jamais resté dans son trou. En outre, le pauvre ennuie tout le monde avec ses problèmes d'inondation et de rapts d'enfants qu'il aurait mieux fait de surveiller, sans compter le montant de la gabelle, autrement dit... les impôts locaux.

Autre temps, autres mœurs, vous disiez ?

En attendant une émission à RTL un jour, j'écoutais les journalistes qui tchatchaient.

« Tu sais, j'étais en Suisse dernièrement, et j'ai rencontré ton oncle ! » lança l'un d'eux.

— Lequel ? demanda un deuxième.

— Je n'ai pas saisi le nom, mais il m'a dit qu'il va régulièrement à Noirmoutier.

— Ah, mon oncle Robert !

À Paris on identifie les gens par leur lieu de vacances.

— Quelqu'un a dit Noirmoutier ? intervint alors une collègue qui venait d'arriver.

— Tu connais ?

— J'y vais depuis que je suis née !

— Le père de mon oncle aimait tellement cette île qu'il a fait cadeau d'une maison à chacun des ses quatre enfants, derrière les dunes... » expliqua le deuxième.

Touchant, cet amour paternel qui n'a d'égal que l'amour de l'immobilier. Mais à Paris, un étranger peut se sentir très proche des provinciaux, surtout un Américain qui a plusieurs chemises à carreaux comme moi.

12

« *Mes seniors, il est l'or...* »

On les voit partout : dans le TGV, dans les salles d'attente de Roissy, dans les halls d'hôtels, sur les aires de repos des autoroutes et les vols *low cost*. Ils s'en vont contempler les Pyrénées, les pyramides ou l'Himalaya. Qui ? Des bataillons de vacanciers aux tempes grises subventionnés par les pauvres qui continuent à cotiser pour eux.

Autrefois, les fils à papa flambaient pendant que les vieux se terraient. En un demi-siècle, l'État-providence a inversé la tendance : 18 % des jeunes sont aujourd'hui classés parmi les pauvres du pays, comparé à 4 % des personnes âgées. Un nouveau style de flambeurs est née.

Vive la vieillesse dorée !

Les caisses de retraites ont beau chanceler, à l'image de l'économie grecque, tous les jeunes retraités de France et de Navarre, les baby boomers qui ont entre 55 et 65 ans, ne se privent nullement de voyager, telle Marthe Villalonga, la mère d'André Dussolier dans *Trois Hommes et un couffin*, pas dispo pour s'occuper du bébé car toujours sur le point de partir en croisière. Elle est loin d'être la seule.

En bon Américain naïf, ce phénomène m'avait échappé, jusqu'au jour où je reçus un coup de fil de Bertrand m'annonçant qu'il organisait une fête pour marquer le coup de sa cessation d'activité officielle. À 54 ans, il venait de se faire licencier, événement synonyme de deuil aux États-Unis. En France, c'est plutôt un signe de libération, en tout cas pour les plus chanceux, tel l'ami Bertrand. « J'aurai pas loin de 3 000 euros par mois grâce aux Assedic pendant presque trois ans, ensuite c'est la pré-retraite, puis la retraite. » Sous-entendu, pas la peine de chercher à travailler, je me livre au régime des vacances à temps complet.

Le dîner eut lieu chez lui, dans le 17e arrondissement de Paris. Il y avait une trentaine d'invités, pour la plupart des inactifs encore dans la force de l'âge mais prêts à profiter de la récré éternelle. Avant le repos éternel. Autour des tables, ça discutait dur sur les lieux de vacances préférés des uns et des autres, les règles parfois si contraignantes des différents régimes de retraites (38 en tout), et les mille et une façons de trouver des séjours *ad hoc* sur Internet.

La génération des jeunes inactifs telle qu'elle était représentée chez Bertrand sera sans doute la dernière à pouvoir profiter aussi pleinement du robinet des « DRE », les dispensés de recherche d'emploi, une assistance destinée aux sans emploi seniors, qui dure jusqu'à leur retraite. Cette manne existe depuis 1985 mais elle s'amenuise progressivement. Pendant ce temps-là les derniers survivants du vaisseau trinquent et se fichent de savoir que le bateau coule.

« Je n'ai qu'une envie, c'est de voir un max de la planète jusqu'à ma DLC ! Je rentre de Hong Kong, et dans quatre semaines je me fais un week-end à Saint-Petersbourg », me déclara une quinqua plutôt bien conservée, elle aussi DRE.

— DLC ? demandai-je. Les sigles valsaient dans ma tête.

— Date limite de consommation, comme sur les pots de yaourt, me chuchota-t-elle discrètement à l'oreille.

Chez les retraités, on évite les mots qui fâchent : mort, maladie, Alzheimer...

Pas de problème car l'ambiance chez Bertrand était résolument à la fête.

— À la vie ! trinqua notre hôte lorsqu'on apporta le gâteau et le champagne.

— À la vie ! » répondirent ses invités, sauf une femme dont l'appareil auditif était en panne.

Ils ont raison. Cette génération épanouie profite de la vie pendant que les jeunes turbinent et s'angoissent pour leur avenir. Une enquête de l'Insee montrait récemment que c'est entre 60 et 70 ans qu'on est le plus heureux en France, quand le patron ne vous emmerde plus et les visites chez le docteur ne sont pas encore quotidiennes. « Pourvu que ça dure », disait Laetitia Ramolino, la mère de Napoléon.

La France n'est pas le seul pays à avoir encadré et bordé la vieillesse à ce point. Chez nous, en Amérique, c'est avec un brin d'amertume qu'on appelle ces enfants gâtés les *greedy seniors* (les seniors cupides), car l'effritement du système de retraites par répartition ne semble guère les inquiéter. En matière de finances publiques, ils seraient même prêts à voter monarchiste, en faveur de Louis XV et de sa fameuse devise : « Après moi, le déluge ! » Le travail ? Un truc pour les jeunes, enfin, pour ceux qui en ont.

Il m'arrive de me retrouver au milieu de ces papys-mamys-flambeurs français, mais j'entends rarement parler du problème du trou des caisses de vieillesse – une actualité qui les passionne autant que des élections partielles au Pérou. L'âge d'or de ces sympathiques insouciants est financé par les cotisations des actifs, mais comme celles-ci ne suffisent plus, l'État doit emprunter régulièrement aux institutions internationales qui nous ont donné la crise des *subprimes* : la Citibank, la Bank of America, la RBS ou la Deutsche Bank. Dans le sillage de ces joyeux retraités apparaît un paysage d'endettement désolé de plus en plus vaste. Avec la courbe ascendante du baby-boom, il se transforme en champ de mines et promet d'exploser, comme si l'on passait de la bombe A à la bombe H.

Le lobby des seniors est plus puissant en France qu'ailleurs, car seul un tiers des gens entre 55 et 65 travaillent – le taux le plus faible d'Europe. Et politiquement il est intouchable : son taux de participation aux élections est plus élevé que celui de la population générale. Les vieux se croient donc à l'abri des économies annoncées par les gouvernements, quels qu'ils soient. Ils n'ont peut-être pas tort. Ainsi, une proposition de loi destinée à PER-METTRE de travailler jusqu'à 70 ans a-t-elle été dénoncée illico comme un « scandale ! » à l'Assemblée nationale. À quoi bon s'indigner ? Seuls 3 % des actifs français pointent toujours après 65 ans. Quant à la « surcote » de François Fillon, une réforme qui promettait un supplément de pension à ceux qui travaillaient alors qu'ils avaient toutes leurs annuités : elle déclancha une série de manifestations impressionnantes.

Et voilà, c'est ainsi que, peu après sa fête, mon ami Bertrand entama allègrement une nouvelle vie rythmée par un départ mensuel dans un Club Med quelconque, paradis dont il avait déjà tâté pendant sa vie active. Pour apaiser l'ANPE, il prend soin d'envoyer çà et là une photocopie de lettre de demande d'emploi. Mais pas de souci : on ne le convoquera jamais pour un entretien, à croire que le Medef est de mèche.

Rose, autre convive ce soir-là, une dame de 64 ans, me confia que « zéro hiver » était son objectif. Pendant les cinq mois de grisaille, de pluie et de gel de l'hémisphère nord, son mari et elle se réfugient sous les tropiques, en Asie ou aux Caraïbes, mais pas forcément dans de beaux hôtels. « On peut très bien trouver des endroits moins chers qu'en France et en général la vie est meilleur marché », observa-t-elle.

Nombreux sont les seniors à opter pour ce genre de vie, en mouvement perpétuel. Une enquête récente révélait que la France compte plus de 500 000 propriétaires de camping-cars, un peu moins que l'Allemagne, et que les 50 à 65 ans passent 100 nuits par an sur la route en moyenne. Interviewé par la télévision, un certain Gaston Thillement exultait : « On est libres, on va où on veut. » Et sa compagne de renchérir : « On forme un peu une grande famille, quand on se rencontre on se salue ! » Leurs seuls problèmes ? Les crevaisons et la taxe carbone.

Certains se découvrent le pied marin, transformant les paquebots-croisière en maisons de retraite flottantes. Selon l'Association française des compagnies de croisière, le nombre de passagers a plus que doublé depuis 2002 pour atteindre le chiffre de 500 000 par an en 2010, et les nouveaux adeptes ne sont pas des jeunes. En hiver, les retraités rejoignent par charters entiers les croisières des Caraïbes. Le seul souci des compagnies est d'assurer un rapport entre veufs et veuves qui ne défavorise pas trop ces dernières. Certaines offrent une croisière tous frais payés aux « jeunes » veufs sachant danser et équipés d'un smoking. Voici donc venus les nouveaux gigolos des temps modernes !

Plus près de chez nous, dans la rue, les super seniors sont faciles à repérer : montures de lunette dernier cri (grâce à une mutuelle généreuse), teint mat en toute saison, costumes-cravates troqués contre des vêtements supposés rajeunir de vingt ans, genre cirés de régate. Et blagues vaseuses sur le Viagra et le botox, histoire de se lâcher. Les deux véritables sujets de conversation restant : la destination du dernier départ et celle du prochain. Depuis 1964, le nombre de seniors qui partent régulièrement a augmenté de 51 %, dont un bon tiers une dizaine de fois par an. En tout, les seniors partent deux fois plus longtemps que les autres Français, selon l'Insee.

Paradoxalement, ces jeunes vieux suivent le rythme de la vie active, ponctuée par les week-ends et les vacances scolaires. Au lieu de profiter des périodes de creux où les trains, les autoroutes et les avions sont moins bondés, ils s'accrochent à la foule comme aux derniers vestiges de leur jeunesse. À tel point que l'Agence nationale pour les chèques-vacances a dû lancer une campagne pour encourager les seniors au revenu modeste à profiter des périodes creuses. Cinq jours dans le Jura pour 160 euros grâce à une subvention de l'ANCV. L'opération ne fut pas un franc succès. Faut-il s'en étonner ? L'initiative fleurait l'aide aux plus démunis, tels les retraités américains invités à dîner dans des restaus à moitié prix, les fameux *early bird specials*, à condition de libérer les tables avant 18 heures.

L'idée d'un « vieux » qui turbine est devenue tellement aberrante aux yeux des Français que ceux-ci sont choqués de voir des gens âgés à l'œuvre aux États-Unis, comme si l'esclavage existait toujours sur nos terres. Les Américains, eux, s'étonnent de voir tant de quinquas français déjà inactifs. Nombre d'économistes des deux côtés de l'Atlantique jugent que c'est un gâchis de laisser partir si tôt ces talents, sans pour autant faire baisser le taux de chômage, surtout après un parcours bac + 4 qui coûte cher à la nation. L'entreprise BTP de Bouygues, qui embaucha de très jeunes retraités de la SNCF, fit des prodiges en expédiant des cargaisons à travers la France en moins de 24 heures, là où le service public de fret mettait trois ou quatre jours. Quant aux chercheurs contraints de décrocher, ils se rendent en Amérique où nous les accueillons à bras ouverts, une belle bagnole *made in Detroit* en prime.

Moi aussi, j'avoue que je trouve contre-nature tous ces espaces de travail débarrassés des plus de 60 ans. Quand *Newsweek* m'a confié le bureau le Paris, je n'imaginais pas à quel point la France avait exploité la retraite comme solution « sociale ». Un de nos employés, coursier, avait été victime d'un accident de la circulation avant mon arrivée, et le pauvre s'était vu arrêté pendant plus de deux ans. On m'informa de la fin de son congé maladie et je me réjouis chaleureusement en le voyant revenir.

« Vous êtes content de reprendre ? demandai-je naïvement, en ajoutant qu'il avait manqué à tous ses collègues. Il avait d'ailleurs l'air en pleine forme.

— Oui et non, vu que la Sécu m'oblige à prendre ma retraite », répondit-il.

J'eus du mal à dissimuler mon étonnement car il avait à peine la cinquantaine, mais notre comptable m'expliqua que l'assurance maladie, lassée de lui verser ses indemnités journalières, avait tout fait pour qu'il soit admis dans les rangs des pré-retraités. C'est ainsi qu'une caisse améliore ses comptes aux frais d'une autre.

Toutes les bonnes choses ont une fin. À partir de 70-75 ans, voyager devient plus difficile, et la famille trouve la présence de personnes âgées un peu pesante pendant les vacances. Celles-ci restent donc plus souvent à la maison, avec consigne de s'occuper du chien et de mettre de côté le courrier des enfants, mais on les appelle deux fois par semaine pour voir si tout va bien. Quand elles se déplacent, c'est pour aller « du lit au fauteuil et puis du lit au lit », comme dans la chanson de Brel.

Arrivé un peu tôt pour une émission au mois d'août à la Maison de la Radio à Paris, j'ai tué le temps en flânant dans le quartier huppé alentour, m'étonnant de ne voir que des promeneurs du troisième age voûtés et avec canne.

« Ce sont les vieux abandonnés par les familles, m'expliqua le journaliste Dominique Bromberger. Les gens ne savent plus quoi en faire. »

Ce sont eux qui ont souffert de la canicule de 2003. Résultat, une surmortalité de 14 000 personnes âgées.

À La Roque-Gageac, sur les bords de la Dordogne, un jour, je regardais passer un petit train touristique bourré d'octogénaires. On avait dû vider une maison de retraite des environs. Certains avaient le regard vague et ne semblaient même pas voir le joli village. J'ai eu un pincement au cœur, car tel est le destin qui nous attend tous, aussi impitoyable que la pendule d'argent de Brel.

Avant la DLC finale.

13

Cocorico !

Quelque part en leur for intérieur, les Français savent que les vacances et le loisir sont plus qu'une marque de fabrique, comme les produits du terroir ou l'industrie du luxe. Ils sont leur vocation réelle, leur destin.

Pensez donc, la France est classée comme la première destination touristique du monde. Je répète : la première destination touristique du monde. Imaginez la fierté ! Plus de gens se précipitent entre Lille et Marseille que nulle part ailleurs. Chaque fois que le Gaulois moyen entend ces statistiques, pour la première fois depuis le refus du prix Nobel par Sartre, il sent monter en lui un petit cocorico sonore et discret.

« Quand même, c'est pas rien, qu'on soit premiers en temps libre et premiers en destination touristique, et tout ça en étant la cinquième plus grande économie du monde ! s'exclame Jean-Paul (mon copain, pas Sartre). Quand on pense que visiter la France coûte dix fois plus cher que visiter l'Espagne ou la Grèce, les types sont motivés. Le modèle français ne se porte pas si mal, hein ? »

Malheureusement, ce classement est la source d'un différend tenace avec les Américains, qui sont (vous l'aurez deviné) deuxièmes au tableau, et passablement vexés de se voir coiffés au poteau par le pays jacobin. Les Ricains ne supportent pas la médaille d'argent ; depuis le coup de Spoutnik, ça leur flanque la migraine à l'échelle nationale illico.

Il m'est arrivé d'en discuter avec Morris, mon vieil ami d'enfance, au cours d'une de mes visites à Columbus, dans l'Ohio, là où j'ai grandi. Morris, chauvin typique du Nouveau Monde, a toujours refusé de me rendre visite à Paris, au grand dam de son épouse, Shirley, qui rêve de découvrir le Louvre et les vitrines de l'avenue Montaigne. Essayant néanmoins de le persuader de venir me voir, un jour je lui glissai un mot sur la France, première destination... etc, qui lui fit l'effet d'un coup de tocsin. S'excusant sur-le-champ, il fila vers son ordinateur pour vérifier sur Internet.

« OK. Il paraît que c'est vrai. Les grenouilles nous battent, admit-il deux secondes plus tard. Mais je parie qu'il y a une explication.

— Comme quoi, par exemple ? » demandai-je. C'est bizarre : face à la xénophobie de Morris, je devins aussi bleu-blanc-rouge que Max Gallo.

C'était la dernière semaine de mon retour au pays, et tous les jours Morris me proposa une explication, preuve qu'il ne digérait point le camouflet.

« Tous les GI qui ont libéré la Normandie en 44 retournent là-bas par nostalgie », dit-il le premier jour. Son ton aurait pu faire croire que lui-même avait débarqué sur les plages. Je lui objectai que les vétérans survivant avaient désormais 90 ans minimum.

Puis le lendemain : « C'est parce que nos multinationales, que le monde entier nous envie, envoient des types contrôler les employés de leur filiale française. » Ridicule, répondis-je.

Le troisième jour, ce monstre de patriotisme opta pour un variante de l'explication numéro un : les familles de GI morts au combat se rendent en France pour visiter les cimetières et gonflent les statistiques. Et ainsi de suite. Le dernier jour, ce fut la faute à Disney : le Disneyland de Marne-la-Vallée attire les foules en France.

Sympa, j'ai préféré ne pas répondre à ces arguments pour ne pas réduire à zéro les chances de Shirley de découvrir la capitale française. Celle-ci était au désespoir, persuadée que désormais Morris n'accepterait jamais de confirmer la position française en lui faisant cadeau de sa présence. Pour se consoler, elle évoqua l'idée de faire le voyage avec une amie.

En vérité, Morris n'avait pas totalement tort de relativiser. Les experts français reconnaissent eux-mêmes que l'Hexagone jouit d'un avantage géographique, en vertu de sa position de plaque tournante où transitent les automobilistes belges, néerlandais, anglais et autres qui se rendent dans le Sud de l'Europe. Sans parler des rares Siciliens qui vont dans le Nord pour visiter les fjords norvégiens en été.

En même temps, chaque été, les médias français se concentrent sur une problématique connexe : comment se fait-il que la première destination touristique du monde soit une des dernières au classement en termes d'accueil et d'amabilité vis-à-vis des visiteurs étrangers ? Invité régulier des plateaux télévisés pour discuter de la question, je me contente souvent d'une observation : un touriste ayant l'embarras du choix entre les pâtissiers les plus raffinés du monde, les cuisiniers les plus subtils, la tour Eiffel, le Louvre, les châteaux de la Loire et le Crazy Horse, peut se passer des sourires des autochtones pendant quelques jours. Personne ne va à Paris pour son climat non plus.

J'avoue que c'est une manière d'esquiver la question. Étant donné l'importance du tourisme pour l'économie française (13 milliards d'euros d'excédent par an et 900 000 emplois), il est en effet légitime de se demander pourquoi les Gaulois se donnent si peu de mal pour encourager les étrangers à revenir une deuxième ou une troisième fois.

La mauvaise image de la mondialisation en France joue peut-être un certain rôle, car l'ultra-protectionnisme qui fait partie de l'ADN des Hexagonaux depuis toujours les empêche de voir dans le visiteur autre chose qu'un « conquérant ». Chaque fois qu'un Japonais s'offrait un château en Bourgogne dans les années 1980, ou quand les Anglais s'installèrent en Dordogne dix ans plus tard, les autochtones vécurent cela comme une perte de leur patrimoine, une invasion de hordes barbares. Et sans Vercingétorix pour les défendre.

Il faut dire également qu'au pays des Jacobins, le mot « service » n'a jamais été une vocation s'il n'est pas accompagné de l'adjectif « public ». Permettez que je m'explique : un serveur français est à la fois le meilleur et le pire du monde. Allez dîner dans un restaurant étoilé, vous aurez le Dr Jekyl du métier, un professionnel absolu. Mais choisissez, comme le commun des mortels des touristes, une table moins raffinée, vous risquez d'avoir droit au Mr Hyde de l'espèce.

Enfin, je crois que pour la majorité des Français, les vacances sont une fête de famille que l'on célèbre entre soi, car le repos est un privilège qui a été gagné à la faveur de milliers de manifs, de grève et de confrontations avec le patron. Les étrangers, qui n'ont pas apporté leur pierre à cette édifice, n'ont donc pas vraiment leur place dans cette grand'messe, une exclusion qu'ils ressentent, et dont ils se vengent, en raillant le sale caractère des Français.

En outre, dans la bataille de la destination touristique, il faut apporter une nuance. Les touristes qui choisissent l'Amérique claquent bien plus que ceux qui vont en France. Nous attirons principalement des visiteurs capitalistes et dépensiers. Cela pourrait s'expliquer par la tendance, héritée de la guerre froide, de refuser leur visa aux communistes et autres gauchistes, réputés préférer un style de tourisme plus économe.

Quelques jours après mon retour de l'Ohio, le téléphone sonna. C'était Morris, toujours pas prêt à rendre les armes.

« J'ai trouvé la raison qui explique que la France est la première !

— Oui ?

— Le triptyque magique, mon vieux : Le Da-Vinci-Code ! Le bouquin a rendu Paris célèbre dans le monde entier et des millions de lecteurs y vont pour visiter les lieux décrits dans le roman. Je te l'avais bien dit, les Français nous doivent tout. »

Foi de Morris.

14

Bonjour paresse

Depuis la disparition du regretté et si souvent dévalué franc, la France recherche un nouvel étalon. Car l'abject euro ne fait plus l'affaire. Or je crois qu'elle a trouvé sa nouvelle marque de fabrique : l'Hexagone est désormais le royaume du temps libre.

Rien à voir avec le farniente des Italiens ou l'oisiveté des Espagnols, pour ne citer que ces deux pays en retard de décennies dans l'art du loisir. La spécificité française consiste non seulement à ne rien faire plus souvent que les autres, on l'a bien compris, mais encore à se la couler douce en se faisant rémunérer. Dans ce pays où le luxe et le plaisir ont atteint des sommets de raffinement, il n'en est de plus grand que celui qui consiste à chômer tout en contribuant au PNB.

Le comité du prix Nobel d'économie peut dire ce qu'il veut : quand les historiens auront assez de recul pour faire le vrai récit de l'après-guerre, ils pourront mettre la France sur un pied d'égalité avec le comte de Sandwich, cet Anglais du XVIIIe siècle qui, en fourrant une tranche de jambon et deux ou trois cornichons entre deux morceaux de pain, libéra des dizaines de générations du calvaire des 120 minutes minimum que nécessite la préparation et la consommation d'un repas chaud à midi. Certes, la découverte et l'obtention de ce temps libre ne fut pas facile. Les Français ont eu bien des doutes, mais avec les années, des pans entiers de la société se sont organisés en fonction de cette idée. Aujourd'hui, les grévistes se font payer les jours *off*, les RTT pleuvent, les conducteurs des rames du RER sont au volant moins de trois heures par jour, les aiguilleurs du ciel bossent seulement 100 jours par an, les congés maladies et les congés parentaux fleurissent, et un Français de plus 55 ans trimant toujours est aussi rare qu'un adepte du thatchérisme membre de la CGT.

La France moderne compte bien entendu des stakhanovistes de l'Ancien Régime, mais le fisc s'en charge, avec un barème de 40 % pour les revenus supérieurs à 70 000 euros par an, sans compter les cotisations sociales. Bernard Werber, écrivain à succès, avoue qu'il ne peut s'empêcher d'écrire un best-seller par an. « Mais l'idéal par rapport au fisc, ce serait que j'écrive un livre tous les trois ans. Là, j'en fais deux pour rien », dit-il dans une interview au *Monde*. S'enrichir par le travail, à la mode de Guizot, c'est pour les « autres » Français, autrement dit les expatriés.

Dans les couches populaires, on a tout de suite compris que bosser plus, c'est dangereux car ça peut faire gagner moins. Des millions de gens sont ainsi poussés vers plus d'inactivité et moins de revenus en vertu d'un système d'équilibre compliqué entre plafonds et ressources, qui incite de nombreux Français à répondre « non, merci » à un patron ou à une proposition d'emploi. Pour continuer à bénéficier du revenu complémentaire de la Couverture maladie universelle, par exemple, vous avez intérêt à refuser des boulots qui augmenteraient vos revenus mensuels d'un centime de trop par rapport au plafond de 627 euros. Idem pour le logement social à Paris, avec un plafond de

36 326 euros par an pour un couple. En France, il existe autant de ces « plafonds » que de démentis de la paternité du bébé de Rachida Dati.

Même un futur nanti comme François, étudiant en quatrième année de médecine, veille à ne pas mettre en péril son aide personnalisée au logement de 252 euros par mois avec des petits boulots complémentaires. « Si un job, souvent mal rémunéré, me pénalise pour mon APL, ça ne vaut pas la peine que je m'éreinte ! »

CQFD, mon cher François. C'est toute une nation qui évite de s'éreinter comme toi.

C'est donc une preuve d'intelligence que de choisir un style de vie impliquant moins de travail. Prenons le cas des gens du spectacle. On a entendu des artistes tel que Jean-Marie Bigard dire que George Bush et ses conseillers, infichus de réussir la conquête de l'Irak, auraient orchestré la destruction des *Twin Towers*. Ou Marion Cotillard qui prétendait que les coupables de cette destruction étaient les investisseurs immobiliers qui voulaient en profiter pour bâtir de nouveaux immeubles. Quelle naïveté ! En revanche, quand il s'agit de trancher entre boulot et pas boulot, les intermittents ne se montrent point si benêts. Un chef monteur embauché en CDI par une société de production gagne 3 208 euros nets par mois pour 35 heures par semaine. Le même monteur, une fois intermittent, peut toucher 2 895 euros mensuels – pour 11 heures de travail par semaine en moyenne. Autrement dit, les 101 heures mensuelles supplémentaires en CDI ne rapportent que 313 euros de plus, moins que la moitié du taux horaire du Smic. Alors comment s'étonner que les 100 000 intermittents du spectacles fuient les CDI comme feu Arafat de quoi raser sa barbe de chef de guerre ?

Ça tombe bien, car force est de constater que vous autres, Français, refusez toujours de mesurer le succès à l'aune du fric gagné. Une activité professionnelle est jugée suivant le temps libre qu'elle vous laisse. Dans un dîner en ville, une maman fière de son fiston cadre sup d'une entreprise du CAC 40 ne pourra jamais se vanter de la rémunération ni de la prime sur résultat dudit bambin sans passer pour un parangon de vulgarité.

Lors d'une énième conférence sur les relations franco-américaines à Paris, je rencontrai une Française ravie que son fils de 30 ans travaille dans la succursale d'une société américaine à la Défense

« Il aime la boîte ? demandai-je.

— Il adore ! Vous savez, il a droit à huit semaines de congés par an, plus les RTT et les stages de formation tous frais payés en Asie tropicale. Inutile de vous dire qu'il est ravi. »

Ses collègues à New York jouissent des deux ou trois semaines de vacances habituelles dans notre pays. Cherchez l'erreur.

Je suis peut-être parano, mais je soupçonne les salariés de certaines entreprises françaises de sauter sur le moindre prétexte pour claquer la porte au nez de leurs clients. Mon agence du Crédit Lyonnais par exemple : fermé le lundi « pour cause d'ouverture le samedi », OK, mais le mardi « pour des raisons techniques » ? Et le mercredi « pour cause de dégâts des eaux » ? Je les remets quand mes chèques ?

En France, pouvoir décrocher est devenu synonyme de succès. Je téléphone pour réserver dans un restaurant à Noël : une charmante dame m'informe avec un certain plaisir qu'ils seront fermés non seulement le 25, mais le 24 et le 26.

Même la passion de la chair cède devant le Dieu loisir. Lisez *Histoire d'O* : les amants de Pauline Réage observent une trêve de courtoisie pendant les vacances et le week-end.

L'inactivité gagnant sur tous les fronts, l'image du travail en pâtit sérieusement. Pour un Français, le bureau est un lieu de souffrance et le patron un petit Lucifer en puissance. La délation est mal vue en France, tant mieux, sauf quand il s'agit du boss : l'inspection du travail est capable de débarquer en 48 heures si un malheureux chef abrège la pause-café. Quant aux actionnaires de l'entreprise, tous des profiteurs et des escrocs à la Madoff, et doués d'une amabilité digne de Samy Naceri. Le raisonnement est le suivant : si je trime, c'est pour avoir des vacances et, plus tard, la retraite, et ce grâce au Code du travail, mais jamais, au grand jamais, grâce au dynamisme et à la générosité de l'entreprise.

Tout patron négligeant la nature sacrée du repos est un salaud de première. Les employés de France Inter ont reproché à leur nouveau directeur, Philippe Val, non pas d'écourter l'émission matinale de Patricia Martin de 30 minutes, mais d'en informer celle-ci deux heures avant son départ en vacances. Quelle râclure !

La France est le seul pays au monde où l'on décore les martyrs du salariat au même titre que les blessés de guerre : il suffit de faire vingt ans le même boulot pour avoir droit à la Médaille d'honneur du travail.

Le roi Repos est souverain. Dans son essai joliment intitulé *Bonjour Paresse*, la psychanalyste Corinne Maier insistait sur la « nécessité » de ne pas travailler trop au boulot. Pourquoi pas ? L'ouvrage fut un best-seller pendant des mois, un vrai « phénomène de société » comme on dit.

Qui sait si Karl Marx vivant de nos jours en France n'aurait pas parlé du loisir comme un nouvel opium des masses ? Vous pensez que je caricature ? Prenez un autre épisode de Radio France, cette fois-ci à Radio France Internationale : pendant presque un an les salariés ont fait grève, manifesté et intenté un procès à la direction pour bloquer un plan social visant un quart des effectifs. Une preuve qu'ils voulaient bosser, les bougres, me direz-vous. Pas vraiment. Quand le plan social a finalement été mis en œuvre, les employés ont annoncé une nouvelle grève, cette fois-ci pour que la direction accepte TOUS les candidats au départ : 270 de ces deux fois grévistes s'étaient portés volontaires pour seulement 200 places.

Même vos leaders ont du mal à comprendre cette méfiance collective et épidermique par rapport au travail. Réforme technique, le RSA remplaça le RMI en 2009 pour mettre fin à la fameuse « trappe à inactivité ». Son accueil par les assistés fut très mitigé. Sauf, bien sûr, le RSA Jeunes qui proposait aux moins de 25 ans ayant déjà travaillé un petit gagne-pain – contre zéro boulot.

Parfois, pour permettre aux actifs de se reposer davantage, on « masque » certaines aides. Ainsi l'Allocation personnalisée d'autonomie (APA) destinée aux personnes âgées, très populaire. Sauf que cette générosité des élus, qui fit grimper les taxes locales, est surtout faite pour accorder une nouvelle autonomie aux familles qui veulent dégager le week-end sans passer chez mamy. Une assistante professionnelle les remplace, et la solidarité millénaire entre générations se perd au nom du sacro-saint temps libre.

Dernier exemple : la cagnotte que Martin Hirsch proposa pour lutter contre l'absentéisme des élèves se heurta à un tollé. L'école buissonnière, première évasion hors contrainte, n'est pas perçue comme un danger pour la République. Idem pour la réforme baptisée « offre valable de travail », elle choqua car elle aurait incité les chômeurs à accepter un nouveau boulot de façon un peu brutale. Rappelons qu'en France 500 000 postes ne trouvent pas preneurs.

Même le calendrier électoral se plie à cette nouvelle identité d'une France qui se la coule douce. On élit le président et les députés peu avant les grandes vacances. Dans la plupart des pays européens, la nouvelle équipe se met immédiatement au travail, en France elle commence par se reposer. Une campagne électorale, ça use.

La quantité de temps libre est telle que même l'offre culturelle n'arrive pas à suivre. Une exposition modeste au musée Jacquemart-André attire aujourd'hui les foules, qui doivent poireauter des heures sous la pluie avant de se marcher sur les pieds dans des salles exiguës. « Trop de visiteurs, pas assez de beaux tableaux », résume Judith Benhamou-Huet dans *Les Échos*. Mais un succès fou.

Pour Michail Maiatsky, professeur de philosophie à Lausanne et auteur de *Europe-les-Bains*, les Français n'ont qu'à se résigner à leur destin : devenir un vaste Disneyland culturel. Pourquoi pas ? On peut très bien gagner sa vie en étant un beau parc d'attraction, et même mieux qu'en étant une immense zone industrielle.

Bientôt, grâce à un taux de natalité exceptionnel, la population française dépassera la population allemande, et qui sait, dans quelques siècles, celle de tous les pays du continent européen réunis. Cette prédilection pour le loisir s'étendra alors à toute l'Europe et le génie français rayonnera enfin dans toute sa splendeur. Une éventualité qui avait échappé à Napoléon.

D'où vient ce taux de natalité élevé ? La passion amoureuse s'estompant avec le train-train et la fatigue du quotidien, les congés servent à l'entretenir. Combien de fois ai-je entendu une Française dire à une copine, « Cet été on fait un bébé ! »

15

Travailler moins pour travailler mieux

« Nous sommes le pays le plus productif du monde ! » me déclara un jour l'ami Emmanuel.
« La France demeure le pays le plus productif de la planète si l'on s'en tient aux statistiques horaires », confirmait un commentateur sur la chaîne LCI.

« Champagne ! » fut naturellement ma première réaction. Non seulement je suis tombé sur le pays numéro un en gastronomie, en haute couture, en culture, en philosophie, en esprit et en art de vivre, mais sur les bosseurs les plus efficaces de la planète, avant les fourmis allemandes, nippones et taïwanaises. Quelle chance ! J'ai autant d'admiration pour cette France laborieuse que pour la médecine californienne qui sauve in extremis Johnny Hallyday charcuté par un escroc.

Non, je rigole, parce que très vite j'ai eu des doutes, justement parce que les Gaulois vous assènent ce genre de vérité sans l'ombre d'un doute, alors qu'ils passent leur temps à remettre tout en question, y compris la main de Thierry Henry. J'ai appris à me méfier. Dès qu'il y a unanimité entre les Pyrénées et la Manche, c'est mauvais signe. D'autant que certains patriotes vont jusqu'à affirmer que la France produit bien parce qu'elle travaille moins et se repose plus. Quel culot ! J'ai beau avoir de l'humour, le goût du paradoxe et être un fan d'*Alice au pays des merveilles*, j'ai cru que j'étais tombé sur la tête quand j'ai découvert un titre du *Monde* annonçant le paradoxe suivant : « L'EDF lance un emprunt d'un milliard pour se désendetter ». Euh ?

« Comment tu peux en être si sûr ? » demandai-je à Emmanuel ce jour-là. Emmanuel est prof de fac et c'est mon plus vieil ami en France avec Jean-Paul. Nettement plus à gauche que celui-ci, à tel point que les discussions à trois sont proscrites. En France, on ne mélange pas l'eau et l'huile.

« Les statistiques, mon vieux, les statistiques. C'est objectif. »

Quand Emmanuel affirme quelque chose avec une telle certitude, je m'incline, le type est plutôt pondéré. Non pas parce qu'il enseigne, mais parce qu'il a un tempérament calme. Emmanuel est le seul Français que je connaisse qui prend rigoureusement ses médicaments suivant l'ordonnance de son toubib, même après disparition des symptômes. Je le soupçonne même de faire ramoner sa cheminée deux fois par an, comme l'exige la loi. À n'en pas douter, il vivrait heureux outre-Rhin.

Néanmoins je me demande si cette idée d'efficacité nationale ne lui sert pas de remontant à une époque où il faut reconnaître que les médias nous abreuvent de mauvaises nouvelles : endettement, chômage, désindustrialisation, sans compter le fait que toutes les chaussettes pour homme sont désormais fabriquées au Maghreb. Et si c'était juste une façon de justifier le fameux modèle français dont les vacances seraient enviées par le monde entier ? Bof.

Mais face à ce sursaut d'orgueil, j'ai préféré fermer ma gueule, suivant les conseils d'un sage, l'ancien Premier ministre, Michel Rocard. « Les Français n'ont pas de culture de discussion économique. »

Un Américain vivant suffisamment longtemps en Europe comprend que chaque pays possède son épine dans le pied : en Allemagne, c'est la Seconde Guerre mondiale, en Espagne, le franquisme, en Italie, la mafia, en Angleterre, c'est l'Europe, et en France, l'économie nationale. La France est un des rares pays où il y a plus de fiction dans le budget de l'état que dans le roman.

Hors de l'Hexagone, on se pose la question : « Les Français méritent-ils de si longues vacances ? » Et comme vous prenez votre retraite particulièrement tôt, je pense personnellement avoir plus de chances d'entrer dans la bibliothèque de la Pléiade que de croiser un sexagénaire qui bosse toujours.

Alors, est-ce que vous travaillez mieux ?

« Oui ! » déclare le journaliste économique Guillaume Duval dans son livre *Sommes-nous des paresseux ?*, dont le titre laissait présager la réponse. L'auteur s'appuie sur les recherches du ministère du Travail américain – qu'on ne pourra jamais accuser de francophilie – pour conclure qu'« une personne qui occupe un travail en France produit plus de richesses » qu'un Anglais, un Allemand ou un Japonais. Cela ne fait pas tout à fait de votre pays le plus productif au monde (à cause du nombre d'actifs plus faible en France), mais ce n'est pas mal.

Dans le même esprit, *Libération* publia une chronique remarquée en plein mois de juillet, qui réjouit tous les aoûtiens en train de préparer leurs valises : l'économiste Pierre Boisard y annonçait que « plus on travaille, moins on gagne », en citant l'exemple de la Grèce où l'on trime plus longtemps pour gagner moins. L'ambassade hellénique à Paris annula sur-le-champ son abonnement au quotidien.

Malgré toutes ces affirmations plus ou moins scientifiques, je n'ai jamais oublié mes bons vieux cours d'histoire et j'avoue que mes doutes persistaient. Les Français ont toujours vanté leur capacité industrielle extraordinaire. Après la Seconde Guerre mondiale, le général de Gaulle essaya ainsi de convaincre le président Harry Truman de morceler l'Allemagne en petites collectivités agricoles de peur que l'ancien ennemi ne devienne une puissance industrielle menaçante, tandis que la France assumerait le leadership de la productivité industrielle. La force de l'industrie d'outre-Rhin est une réalité chiffrée et reconnue par tous.

L'actualité m'incite à plus de doutes encore. Confronté à la montée du chômage, je remarque que les Français ripostent très souvent en contestant les statistiques de l'Insee. Et quand les fermetures et les délocalisations se multiplient, de désespoir, ils s'accrochent à des arguments curieux. « Le site de Molex qui doit fermer est pourtant viable », lisais-je un jour dans le *Nouvel Observateur* qui exprimait son indignation en apprenant que 282 salariés français de la filiale américaine pourraient perdre leur job. L'hebdo citait le rapport d'un cabinet d'expertise du nom de Syndex, sans préciser que ce cabinet appartient à une catégorie qui, selon la revue *Entreprises & Carrières*, « assiste » les comités d'entreprise (celui de Molex ayant commandé ledit rapport). Un peu comme Bernard Kouchner « assista » Total dans son rapport sur la Birmanie, avec une objectivité totale. En France, même les cabinets d'expertise ont une certaine couleur politique, comme les économistes, les journalistes, les cafés et les facs.

En fait, la bonne productivité des Français est à la fois une vérité et une illusion dûe aux statistiques. Après la réforme des 35 heures, de nombreux salariés de l'Hexagone fournissaient le même travail, mais en moins de temps, stressés comme Charlot devant sa chaîne de montage dans *Les*

Temps modernes. Du coup, la productivité horaire augmenta automatiquement. Chez AXA, par exemple, on put constater que le chiffre d'affaire n'avait pas baissé alors que le personnel travaillait moins longtemps.

Hélas, d'autres statistiques sont moins flatteuses, tel le PNB par tête de pipe, toujours inférieur de 18 % par rapport à l'Amérique, avec ses deux ou trois semaines de congés annuels. Cependant, il est possible que les statistiques ne rendent pas justice à la France, où l'on préfère être récompensé en temps libre plutôt qu'en écrans plats et en scooters des neiges. Les Français adorent l'économiste américain Joseph Stiglitz, prix Nobel, surtout quand celui-ci propose d'introduire un facteur vacances et qualité de vie dans le calcul du PNB. Il faut dire que la France catapulterait la Chine à tous les coups ! Courageux, Stiglitz, qui risque de se voir retirer son passeport américain pour cause de complicité excessive avec les Français.

Un jour, j'ai calmement donné mon avis à Emmanuel : si la France tient son rang parmi les nations riches et productives, c'est aussi grâce à un patronat dynamique et inventif (et pourtant souvent diabolisé), qui a su s'adapter aux contraintes imposées par l'État-providence et à la fiscalité meurtrière des gouvernements de droite et gauche.

Emmanuel secoua la tête, signe qu'il désespérait de me faire comprendre les secrets de l'économie de son pays. D'accord pour ne pas être d'accord. Notre amitié était sauve.

Alors pourquoi ne pas laisser les Français partir en vacances en se berçant de l'illusion d'une productivité exceptionnelle ? Nous sommes bien partis en guerre en pensant que l'Irak détenait des armes de destruction massive.

16

Le coût du repos

« **A**u vieux campeur » : qui ne connaît ce paradis des randonneurs et autres vacanciers sportifs ? Une institution sise à Paris, cinquième arrondissement, où je suis ravi de me rendre, tel un gentil sorbonnard en goguette. Las ! le vendeur, n'ayant pas compris que je cherchais une banale parka pour faire mes courses quand il flotte, passa des plombes à m'expliquer la différence entre une polaire et une micro-polaire, suivant ce que je comptais privilégier, la « rando » ou l'« alpi ». Tout un monde, et j'ai failli m'étrangler quand j'ai vu les prix : entre 450 et 550 euros. Tout ça pour aller acheter un litre de lait sans se faire saucer.

« Dans les 150 euros, il y a des trucs vraiment pas mal », enchaîna-t-il en voyant ma déconfiture. Les trucs à 150 euros étaient bien cachés, derrière les Gore-Tex qui valent trois fois le prix.

Alors ? Comment font les Français qui partent cinq à six fois par an pour ne pas se ruiner avant même de boucler leur valise ?

C'est clair. Tous n'y arrivent pas.

Autrefois, les pauvres (on les appelait ainsi) habitaient des bidonvilles, mangeaient à la soupe populaire et pelaient de froid en hiver. Aujourd'hui, on parle de défavorisés et on les définit comme ceux qui ne partent en vacances qu'une fois par an. Question de vocabulaire.

Un reportage de TF1 consacré aux classes moyennes montrait il y a peu une famille de quatre enfants installée dans un pavillon de la région parisienne, dont les revenus mensuels dépassaient à peine 3 000 euros en tout. Hors de question de partir en vacances au ski, en polaire ou en micro-polaire. « On n'a pas de sous ! s'exclamait la jeune mère en poussant un petit rire de résignation. On ne part jamais, sauf en été. Et là, c'est 15 jours-trois semaines, pas plus. Et en famille. »

Les classes laborieuses n'ont jamais attendu pour découvrir une vérité que les élites, journalistes, politiques, économistes et autres, occultent largement : se reposer loin de chez soi, à moins de se faire inviter par le comité d'entreprise de l'EDF, ça coûte la peau des fesses.

Les réformes en faveur du loisir, qui depuis 1980 ont réduit d'un bon tiers le temps de travail d'une carrière professionnelle, ne comportent jamais de volet consacré au financement. Le célèbre État-providence français confirme son efficacité quand il s'agit d'accorder du repos à ses ouailles. Et celles-ci deviennent aussitôt plus libérales que les Yankees : chacun pour soi pour régler la note. Dans les classes moyennes, rappelle Régis Bigo du Centre de recherche pour l'étude et l'observation des conditions de vie (Credoc), une fois les dépenses obligées réglées, loyer, électricité, alimentation, il ne reste en moyenne que 294 euros à la fin du mois. Un budget qui rend les départs hors de question.

La grogne occasionnée par la loi des 35 heures venait d'un constat économique basique fait par des milliers de foyers : du temps libre, oui, mais pour quoi faire ? Pour

traînasser chez soi ? Quand on habite un F3 à Goussain-
ville avec deux ou trois mouflets, elle est où, l'avancée
sociale ? Surtout qu'en période pré-estivale, les non-
partants (comme les appelle avec élégance l'Insee) sont
soumis aux rappels en fanfare de la grande transhumance
annuelle. Telles ces affiches d'Expedia, agence de voyage
en ligne : « Tout le monde doit partir ! »

Avec quel fric ?

« La vie est chère, mais il ne faut pas supprimer les
vacances qui sont devenues indispensables », confirment
les rédacteurs bobos du *Nouvel Observateur*. L'enfer est
pavé de bonnes intentions. Non seulement ils contribuent
à faire monter la pression sociale, mais ils évitent de proposer la moindre solution concrète pour partir plusieurs
fois par an sans faire exploser ses agios. Indispensables, les
vacances ? Au même titre que le pain et un toit ?

Cependant les Français aiment s'imaginer en vacanciers
égalitaires. Il sont sincèrement perturbés quand on leur
rappelle – justement, à l'aube de chaque été – que la
moitié de leurs compatriotes ne se déplaceront pas. Suit
en général un quart d'heure de culpabilisation. Heureusement, ce cruel dilemme n'est pas sans sa solution : qui
part se repose pour deux. Appelons ça le « fardeau du
glandeur », pour parodier le « fardeau de l'homme blanc »
de Rudyard Kipling appliqué aux maîtres coloniaux d'un
autre siècle. Et peut-être la raison d'être de Paris Plage, un
moyen de libérer d'un poids ceux qui ont la chance de
s'en aller.

L'obligation de prendre des vacances oblige la majorité
des gens à taper dans leur bas de laine et leur PEL au mois
de juin. « Étonnamment, les budgets vacances se main-
tiennent, même en temps de crise », confirme Jérôme
Fourquet, directeur adjoint de l'Ifop. Son étude montre

que 60 % des Français économisent de plus en plus sur leur vie quotidienne pour continuer à s'offrir des loisirs. Toute l'année, ils remplacent le tournedos par des saucisses Carrefour (les économistes appellent ça le « phénomène de substitution »), tels les habitants de Londres qui préfèrent se priver d'un manteau en hiver plutôt que d'envoyer leur gamin à l'école publique où il risque d'attraper l'accent cockney, comble du déclassement. Non sans un réel stress psychologique. Une psychothérapeute parisienne m'a longuement parlé de la souffrance de ses patients qui passent l'hiver avec l'angoisse de ne pas savoir s'ils auront assez pour partir et ne pas déroger l'été suivant.

Cette pression pourrait expliquer la violence des réactions dès que le gouvernement, le syndic ou la banque font monter leurs frais de gestion. On râle quand le forfait hospitalier journalier augmente de 2 euros car on veut pouvoir se payer les 4 euros d'un café en terrasse avec vue sur le port d'Ajaccio.

Et le camping ? Oui, mais sur grand écran, avec Franck Dubosc dans le rôle du beauf intégral. Sérieusement, dans un pays où la moitié des adultes disposent de moins de 1 500 euros par mois, même le modeste camping Holiday Green de Fréjus avec soleil garanti revient cher : 400 euros par semaine pour un *mobil-home.*

Louer une maison ? Pas si cher que ça si on reste dans une zone souvent pluvieuse en été, au nord de la Loire, mais dès qu'on recherche le soleil, les prix de location flambent – environ 800 euros par semaine pour une famille de quatre personnes.

Mon ami Jean-Paul admet que ses vacances à Quiberon égratignent largement sa trésorerie : plus de 1 000 euros par semaine pour le voyage, les repas à l'extérieur, la location et les traversées de l'océan. « Les jours où il flotte, je me dis que j'aurais pu rester chez moi sous la douche en déchirant des billets de banque. Ça aurait le même effet », conclut-il, un brin cynique. Et après les vacances ? La saison des taxes locales. « C'est étudié pour », comme dirait Fernand Reynaud.

Certaines solutions adoptées par les Français sont un crève-cœur. À Doué-la-Fontaine, un couple âgé, les Damien, s'installe pour deux mois dans un camping situé à 20 kilomètres de chez eux, où la location du terrain et de la tente revient à 10 euros par jour. Directeur du camping, Christophe Lefèvre explique aux journalistes que la clientèle de proximité est de plus en plus nombreuse « à cause des problèmes économiques et de la cherté de l'essence ».

Pour partir un peu plus loin, la moitié des Français cherchent désormais à trouver des bons plans sur Internet. Ils étaient 20 % en 2003. Un vrai boulot, si vous voulez mon avis, et souvent une arnaque, car tout le monde court après la formule magique nommée « À partir de », comme dans la publicité suivante : « Une semaine en Israël, vol A/R + 1 semaine de location voiture kilométrage illimité, *à partir de* 390 euros. » Ou le fameux aller-retour Paris-Londres à 77 euros qu'aucun internaute ne trouvera jamais sur le site d'Eurostar. Si vous voulez vraiment comparer des prix, autant offrir un cierge à saint Christophe, patron des voyageurs. Deux fois sur trois, la bonne affaire disparaît des écrans dans les trois minutes qu'il faut pour comparer avec des offres du même ordre. Un petit malin du Pas-de-Calais l'aura raflée entre-temps. Agaçant, non ?

Bien sûr, il existe des remèdes de substitution. La télé, par exemple. Les pauvres peuvent se consoler en admirant les jolis paysages de la douce France pendant la retransmission du Tour de France. Châteaux, monastères, fleuves, villages... ils défilent comme si vous y étiez. Il existe néanmoins de vraies « solutions » pour financer les départs, notamment grâce au travail des femmes. Voilà 40 ans qu'un seul actif par foyer ne suffit plus pour assurer le budget des vacances. Les Françaises bossent donc plus, pour payer le repos de toute la famille. Selon la chercheuse Martine Lurol, elles ont massivement rejoint le marché du travail ces dernières années (passant de 30 % en 1980 à 80 % en 2010). Le prix à payer ? Abandonner les bébés dans les crèches et assumer une libération qui consiste à se faire payer 15 % de moins en moyenne que les hommes.

Le vrai coût des vacances ne s'arrête pas là. Les congés « payés » le sont même par ceux qui ne partent pas, et cela tous les jours de l'année. Comment ? Grâce à l'incontournable équation : « Plus de vacances = augmentation du coût salarial = prix plus élevés pour les consommateurs. » Une réalité souvent mal digérée par des citoyens qui apprennent dès le berceau qu'il n'existe que trois alternatives pour échapper aux impôts : le Livret A, les moins value à la Bourse et les congés. Depuis l'instauration de l'euro, il y a de quoi être choqué de voir à quel point le même produit est plus onéreux ici que dans les autres pays européens.

La vie est chère, la vie est chère... nous sommes nombreux à nous en plaindre, mais beaucoup moins à pouvoir expliquer le phénomène. Nous nous contentons généralement de pointer le doigt sur la grande distribution, incarnée par le sémillant Michel-Édouard Leclerc qui se prête volontiers aux interviews médiatiques. Sans doute parce que la vraie source de ce problème est le coût de la main d'œuvre, un des plus élevés d'Europe. Vive la protection sociale, dont ces généreuses vacances. Il y a trente ans, un salarié français coûtait 15 % moins cher que son confrère aux États-Unis par exemple. Désormais il revient 70 %

plus cher à son patron. Les employeurs, rarement angé-
liques, réagissent de trois façons : délocaliser, automatiser,
augmenter les prix de vente.

La dernière solution est privilégiée, bien sûr. Le prix du
litre de lait payé 17 cents d'euro à l'agriculteur, et qui
arrive dans votre panier pour plus d'un euro ? Un scandale ? Pas tant que ça, puisqu'on peut identifier toute la
chaîne des intermédiaires qui se font rémunérer : trans-
porteurs, traiteurs, contrôleurs, emballeurs, magasiniers
– chacun ayant besoin de son salaire et de ses vacances.
Chaque fois qu'il verse du lait dans son café, qu'il croque
un quignon de baguette ou un morceau de camembert, le
Français finance les congés d'un voisin.

Il n'y a pas que la bouffe et la mal-bouffe. La régie
Renault ne fabrique quasiment plus de petites cylindrées
dans l'Hexagone, préférant exploiter les chaînes de montage de Turquie ou de Roumanie, où le coût horaire d'un
ouvrier est bien inférieur. Dans ces deux pays, la notion
de congés payés en est à l'ère préhistorique : moins de
trois semaines par an à tout casser.

Le patriotisme économique vanté et incarné dans toute
sa superbe par Dominique de Villepin est de plus en plus
difficile à tenir. « Il n'est plus possible de fabriquer des
jeans ou des costumes pour hommes en France. Il faut
aller en Italie, en Roumanie ou au Maroc », se résigne la
créatrice Agnès B, qui résiste pourtant vaillamment à la
délocalisation. Pour info : une minute de confection coûte
70 fois moins cher en Thaïlande, où les ouvriers ont six
jours de congés par an. La disparition progressive des ate-
liers en France ne laisse donc guère de choix à la créatrice.

Enfin, il y a ce cadeau que la France s'accorda en 1981 :
la retraite à 60 piges. En deux temps trois mouvements,
on augmenta le temps libre total de plus de 10 %, un

coût qui dépasse largement les folies immobilières d'un Dubaï. L'économiste Christian Saint-Étienne qualifie ce geste de « péché originel ». Silencieux, tel un mélanome, il continue à plomber la trésorerie publique.

Pauvres Français ! Les vacances ne tombent pas toutes crues des arbres comme de belles pommes bien mûres. Elles ont un coût. Heureusement, pour faire des emplettes pas trop chères, vous avez quatre immenses supermarchés qui cassent les prix pas trop loin : l'Allemagne, Andorre, la Belgique et l'Espagne. Si vous ne me croyez pas, demandez aux frontaliers.

17

« Yes, week-end ! »

Les Français ont besoin de se rassurer en sachant qu'ils vivent au même rythme que leur voisin. D'où l'impression d'une nation dont la vie est réglée comme du papier à musique : déjeuner à 13 heures, goûter des enfants à 17 heures, apéro des adultes à 19 heures et dîner tous ensemble à 20 heures. Seule la digestion demeure individuelle.

Le jour du Seigneur ne faisant pas exception à cette belle orchestration, c'est courses le matin, la messe pour quelques-uns, déjeuner de famille en regardant *Vivement dimanche,* et le soir venu, le bien nommé film du dimanche. Le septième jour de la semaine est donc réservé au repos, comme le prescrivait la Bible, docu-fiction best-seller publié il y a 2 000 ans, pourtant plus souvent lu et mieux apprécié outre-Atlantique que chez vous.

Repos pour tous ? Sauf pour les flics, les journalistes, les urgentistes, les fromagers, les pompiers, les sportifs, les infirmiers, les poissonniers, les jockeys, les bouchers, les agriculteurs, les pilotes de ligne, les restaurateurs, les agents de la RATP, les acteurs, les fleuristes, les contrôleurs aériens, les serveurs, les cafetiers, les hôteliers, les cuistots, les légumiers, les péagistes, et le moustachu qui me vend le *JDD* tous les dimanches.

Bref, vous êtes des millions à bosser, irrégulièrement certes, le septième jour de la semaine (14 % des actifs). Mais quiconque ose proposer d'ajouter à cette longue liste une catégorie supplémentaire, les commerçants, se prend des volées de bois vert. Et déjà vous imaginez la disparition d'un art de vivre que-tout-le-monde-entier-nous-envie – en êtes-vous sûre, madame Chaussure ?

Sans rire, aidez-moi à comprendre cet acharnement à vouloir sauver le dimanche à la française tel qu'il est protégé par la loi du 13 juillet 1906. Vous êtes sûrs que ce n'est pas un de ces combats d'arrière-garde dont vous avez le secret, comme le monopole de l'ORTF, le prix unique de la baguette et le retour fantasmatique des receveurs d'autobus ?

Et si je comparais cette réticence à l'hésitation des Américains à officialiser une assurance santé pour tous, qui de fait existe déjà pour les pauvres, les vieux et les jeunes ? C'est un peu pareil, non ?

Je vous jure que pour un béotien de l'Ohio comme moi, ce n'est pas toujours évident à comprendre. Non seulement les syndicats marxistes-léninistes et 100 % athées ne font qu'un avec le Vatican pour défendre la valeur sacrée du repos du dimanche, mais des députés de gauche et de droite (qui risquent de se faire pendre à un croc de boucher par l'Élysée) se retrouvent en un rare moment de consensus pour refuser aux gens qui pour la plupart veulent travailler (et se faire payer double) le droit de le faire. Le tout dans une économie où le taux de chômage n'a jamais été inférieur à 7 % depuis la dernière année de la présidence de Giscard (paix à l'âme de Raymond Barre).

Hallucinant.

« Le vrai enjeu dans la guerre du dimanche, m'explique l'ami Emmanuel, plein de bonnes intentions, c'est de garder un rythme de travail hebdomadaire lisible pour la plus grande majorité des gens. Sinon, le stress augmente. C'est presque une question de santé publique. » En plus Emmanuel prévient l'attaque en me demandant si je ne voudrais pas imposer le shopping le dimanche parce que j'aurais le mal du pays, le mien, où les grandes surfaces sont ouvertes tous les jours de la semaine et souvent 24 heures sur 24.

Moi, nostalgique de l'Amérique ? Pas du tout ! Ou si peu. Bon, c'est vrai, il n'a pas tout à fait tort, Emmanuel (il n'aime pas qu'on l'appelle « Manu »). Question stress, je me souviens de mon ex-femme qui pestait contre mon emploi du temps de journaliste soumis à une actualité imprévisible. L'horloge interne de la majorité des gens semble réglée sur le rythme lundi-vendredi, pire que le facteur. C'est pourquoi le dimanche est pour beaucoup un jour de repos sacré. Quand Peugeot oblige ses employés à prendre des congés en décembre, les syndicats râlent. Mais plus de 50 millions de Français obéissent à la dure loi du week-end obligatoire, un truc qui date de la Troisième ou de la Quatrième République. C'est à n'y rien comprendre.

On sait que la France n'est pas un pays de libéraux (il en existe autant que des dyslexiques à l'ENS), et les arguments de ceux qui s'opposent au travail dominical ne sont pas nuls. Sauf le slogan « *Yes, week-end* », très marketing tendance Madison Avenue, qui aurait dû faire réagir les grincheux de l'Académie française. Mais pourquoi une loi ? Pourquoi ne pas simplement laisser travailler ceux qui le souhaitent ? Comme si le travail était une maladie contagieuse pire que la grippe porcine, et les patrons des descendants du marquis de Sade qui rêvent de se faire tout le monde ce jour-là.

Assouplir la loi de 1906 pourrait « annoncer la fin du repos dominical des salariés », dixit le député Christian

Eckert, un des auteurs du « *Yes, week-end* ». Une crainte sincère ? Un prétexte ? Ou les deux ? En France, tout le monde réclame le droit d'avoir tort avec Sartre plutôt que raison avec Aron.

Pragmatique et sympathique, Emmanuel, lui, m'explique que travailler le dimanche pourrait couper la population en deux. « Imagine un type qui travaille le dimanche, mais pas sa chérie. Ils se voient quand ? Uniquement le samedi. » D'accord, mais Emmanuel se plaint régulièrement que sa femme et lui n'arrivent jamais à trouver le temps de faire des courses pour habiller les enfants ou acheter les rollers pour le fiston. Le samedi c'est l'enfer, les boutiques sont bondées et la circulation pas possible. Alors pourquoi pas le dimanche comme c'est le cas avant les fêtes de Noël ? Qu'est-ce qu'on a reproché au centre commercial de Plan de Campagne dont les 400 boutiques ouvraient le dimanche ? Son succès auprès du public, notamment.

Le travail du dimanche n'est sûrement pas la solution miracle pour l'économie du pays, d'accord. « Le pouvoir d'achat des ménages sera lissé sur sept jours au lieu de six », affirme Deijan Terglav, secrétaire général de Force Ouvrière en charge du commerce. Et l'effet sur le taux de chômage ne sera que marginal, je sais. Mais bizarrement, personne n'évoque jamais le droit et la liberté des consommateurs de pouvoir se divertir autrement qu'en regardant le catatonique Michel Drucker le dimanche après-midi.

Aux États-Unis, on se marre. Voyons, la France obligée de trancher entre le dimanche catho et le dimanche libéral ? Pour l'Amérique, à la fois très croyante et total capitaliste, ça s'appelle un accord gagnant-gagnant.

18

Vacanciers pollueurs, vacanciers payeurs

« On va passer Noël à Bali ! » s'exclame Olivier. Depuis un certain temps, sa compagne, Françoise, et lui rêvent de visiter le célèbre paradis d'Indonésie. (Moi aussi d'ailleurs.)

L'annonce est loin de ravir Bérénice, récemment métamorphosée en fervente écologiste.

« Olivier, tu as voté pour les Verts au premier tour, non ? lance-t-elle aussitôt. Et tu prends des longs courriers ? »

En deux secondes, elle calcule sur son smartphone que l'aller-retour Paris-Bali en Boeing 747 implique une consommation de plus de 1 100 litres de fuel par passager.

« J'ai lu dans une étude anglaise qu'un aller Londres-Los Angeles en avion produit plus de dioxyde de carbone que les déplacements d'un citadin moyen en voiture, en train et en métro sur une année », ajoute-t-elle.

« Merci de nous gâcher les vacances ! » répond Françoise en riant librement (elle a voté UMP, elle !).

« Tu peux me dire avec quels matériaux il est fabriqué ton smartphone ? Il m'a pas l'air très écolo, que je sache ! » renchérit Olivier, piqué au vif.

Le couple, il va de soi, n'a pas annulé son voyage. Et Olivier et Françoise ont beaucoup aimé Bali.

Le spectacle de Français qui se chamaillent ainsi, 36 fois en moyenne par jour, ai-je calculé un jour, est fort utile pour l'observateur étranger que je suis. En général, je laisse faire et ne prends point parti. Mais quand même ! 2 200 litres d'énergie fossile non renouvelable pour aller à Bali, si Bérénice ne s'est pas trompée, alors qu'un Parisien n'en consomme « que » 115 litres pour descendre en voiture à Saint-Tropez. Que les automobilistes se rassurent. Ils sont peut-être considérés comme des criminels de guerre par les intégristes verts, ils n'ont aucune honte à avoir.

Telle est donc la question : un quidam français, ou autre, peut-il voir le monde tout en respectant l'environnement un minimum ? Résoudre ce dilemme de notre temps fait partie des tâches prioritaires de tout gouvernement. En France d'ailleurs, l'objectif semble aussi important que la réduction de la dette nationale et le mandat unique pour chaque élu.

À ce propos, parmi les réussites du Grenelle de l'environnement, on notera l'art de minimiser les dégâts du transport aérien. Que les congés payés et les professionnels du tourisme dorment en paix, on peut partir aux quatre coins du globe sans bousiller l'environnement. N'ayez crainte, bonnes gens.

Sauf que c'est faux, archi-faux.

Et les sociétés de transport aérien ont si bien compris le problème qu'elles ont tout de suite trouvé des astuces : on parle de « développement durable », d'« éco-tourisme »... Certaines proposent même aux passagers de payer une prime CO_2 pour chaque vol. Ce type d'initiative a ses limites, et personne ne se précipite pour se porter volontaire. Tout le monde sait que le prix du fuel compte pour 40 % du prix du billet et ces campagnes de déculpabilisation finissent souvent à la poubelle. Résultat : l'éco-vacancier est un peu dans la même position que les Allemands d'un certain âge qui prétendent qu'ils ne se sont battus que sur le front oriental. Ou comme Cécile Duflot, secrétaire nationale des Verts, qui a passé ses vacances de Noël aux Maldives, un scoop révélé par *Le Canard enchaîné*.

Comme il sent qu'il va lui falloir justifier ses congés du point de vue environnement, le Français se prépare et s'arme de bons arguments. Lors d'un séjour en province, par exemple, un Parisien ne cachera pas sa satisfaction à voir le trajet entre sa maison et son assiette de produits du terroir écourté : en mangeant, il sauve un peu la planète.

La classe politique, elle, se contente de maîtriser les apparences, mais avec quel art ! Afin de justifier le slogan médiatique du Grenelle de l'environnement (« Rien ne sera plus comme avant »), une longue liste de mesures destinées à réduire le réchauffement à effet de serre fut établie, qui en évitait une : rester chez soi pour les vacances. Mieux, le Grenelle a fait comme le parti Républicain pendant les années Bush (qui refusa le protocole de Kyoto) : inviter la science et la technologie à la rescousse, tel un régiment de cavalerie dans un western des années 1950. Tout ce beau monde communia pour viser une « réduction de la consommation moyenne par passager à 3,70 litres de kérosène pour 100 km d'ici 2012 ». L'objectif représente une amélioration de 30 %, voire plus, en trois ans ! C'est comme si je me fixais le but d'avoir des tablettes de chocolat en guise d'abdos d'ici trois semaines. Autre détail : les principaux producteurs de moteurs à propulsion, comme General Electric, Rolls Royce et Pratt & Whitney, n'ont pas signé en bas du parchemin. Sans doute les organisateurs du Grenelle de l'environnement savaient-ils que ces acteurs industriels sont déjà à la recherche de plus d'efficacité, surtout pour réduire les dépenses, donc augmenter les bénéfices.

Le coût écologique de plus en plus élevé des longs courriers n'empêche personne de partir, et toujours plus loin. De toutes façons que faire, sinon hausser les épaules devant la spirale ? Quand le prix à la pompe augmente pour l'automobiliste, celui-ci peut réagir en choisissant une voiture plus économe ou en prenant plus souvent l'autobus. Mais pour aller voir le Nil en Égypte ou le Pain de Sucre à Rio, il n'existe que deux moyens : Airbus ou Boeing.

En France, les ministères et l'Assemblée nationale ont adopté la réponse classique et brevetée : la création d'un « observatoire des transports associant les parties prenantes pour évaluer les émissions ». Bonne chance... même s'il serait simpliste de penser que seuls les avions posent un problème. Les hôtels flottants que sont les bateaux de croisière polluent trois fois plus par passager-kilomètre qu'un banal avion. Bientôt un observatoire de plus ?

Je reviens à mon dîner-débat avec Olivier, Bérénice et Françoise, qui se poursuivit dans la bonne humeur. Arrivés au dessert, tous se retrouvèrent pour vanter les joies de la vie sur pilotis. Bérénice, qui n'en était plus à son premier verre de vin, s'extasia sur un hôtel aux Comores où elle avait été quelques années plus tôt.

« Tu te réveilles comme sur l'eau ! C'est génial !

— Et pour ça, tu as consommé combien de litres au juste ? demanda Olivier, taquin.

— Ce voyage, c'était avant que je vote pour les Verts. »

19

Le courage des politiques

*V*oilà des années que les grandes formations politiques françaises se disputent amèrement au sujet des vacances. La gauche milite pour toujours plus de temps libre. La droite cherche à réduire la fiscalité pour que le peuple puisse s'offrir de quoi partir. Le clivage est majeur.

Pour l'instant, seule la gauche a tenu ses promesses. Le temps libre a progressé de 30 % en trente ans. Hélas le pouvoir d'achat en pâtit. Les campings remplacent les hôtels, et au restau on préfère la salade niçoise à 11 euros suivie par un café. Tant pis pour le dessert.

Quoi qu'il en soit, les élus de toutes tendances savent très bien la vérité : les Français vénèrent quiconque contribue à meubler leurs temps libre, tel Jack Lang qui, dans un monde encore marqué par les guerres, les famines et le totalitarisme, a fourni la réponse à une préoccupation majeure : comment célébrer chaque année l'arrivée de l'été ?

La Fête de la musique ! Le succès durable de cette manifestation (désormais copiée à l'étranger) en dit long sur un domaine où la France peut légitimement prétendre au leadership mondial. L'Hexagone est le seul pays au monde où le temps libre est au cœur du débat politique, au même titre que les grands défis de notre époque : l'éducation, la paix dans le monde, la défense nationale, la justice et Hadopi 2, la loi sur le téléchargement illégal.

Car le repos est synonyme d'attachement à la France profonde, celle qui fournit le vrai vivier des électeurs. Le moindre bateleur politique qui arpente les rives de la Seine doit pouvoir fredonner, comme Joséphine Baker : « J'ai deux amours, mon pays et Paris. » Afin de justifier son parachutage dans le Sud-Est pour les élections européennes, Vincent Peillon plaida qu'il y passait ses vacances quand il était petit et que les parents de sa femme, Nathalie, possèdent une maison à Uzès. Pas aussi fort que Mitterrand avec Jarnac, mais néanmoins suffisant comme racines. Tout le monde sachant qu'appartenir à l'élite parisienne nuit gravement au destin national, Jacques Chirac, lui, mit tellement en avant sa Corrèze chérie que c'est à croire qu'il aurait grandi sur la terre de ses aïeux, et non à Paris, où, d'ailleurs, il est né.

Le jeu en vaut la chandelle car une fois à l'Élysée, le monarque français a droit à un traitement de faveur qui n'a pas son pareil à l'étranger. Le président américain jouit d'un seul lieu de repos : Camp David, une morne enceinte de chalets nichée dans une forêt du fin fond du Maryland. Le Premier ministre anglais a droit à un peu mieux, une maison dans le Buckinghamshire, Chequers. Beaucoup trop austère pour les électeurs de l'Hexagone qui ont offert à leur président plusieurs lieux de villégiature : Souzy-la-Briche, le fort de Brégançon, Marly, Marigny, Rambouillet et dernièrement la Lanterne, « empruntée » par l'Élysée au Premier ministre. On ne rivalise pas avec l'Amérique en armes de destruction massive, mais pour les vacances la France républicaine demeure imbattable. Certains ont beau proposer de vendre le patrimoine immobilier de l'État pour réduire la dette nationale, il n'a jamais été question de se séparer de ces bijoux de la couronne.

Où oserait-on diffuser un documentaire sur le repos des hommes politiques intitulé « Bonnes vacances, monsieur le Président » ? On nous y rejouait l'émoi des électeurs en 1962 quand le général de Gaulle, personnage austère, fit construire une piscine dans sa résidence à Colombey-les-Deux-Églises. S'il fallait choisir un instant où la France ouvrit grand les vannes du loisir, je choisirais celui-ci, plutôt que celui de l'instauration officielle des congés payés en 1936.

Historiquement, la gauche a accordé plus de temps libre, mais ce sont les politiques de droite qui en profitent le plus ouvertement. Sans vergogne, au nez et à la barbe de leur électorat bourgeois et classes moyennes, ces jouisseurs néo-libéraux se font photographier au repos, exhibant le fruit d'une réussite toute calviniste. Présenter ses vacances au public est tout un art. En s'affichant lisant et relisant Machiavel par exemple.

Pour les femmes et les hommes de gauche, à quelques exceptions près, l'exercice est plus délicat, nombre de leurs électeurs ne partant pas. Les élus de gauche disparaissent donc discrètement le 1er août, sans photo, effaçant toute trace, autant que faire se peut, comme s'ils allaient bûcher les comptes rendus du congrès de Tours dans un monastère au lieu de se rendre dans leur villa à Gordes, à Ré ou à Mougins.

Pire encore, ces couards se sont débarrassés de l'étiquette gauche caviar en la collant sur les frêles épaules du pauvre Lang, pour qui une maison de pierre d'un peu plus de 200 mètres carrés à Bonnieux dans le Lubéron, non loin de chez l'acteur John Malkovitch, est devenue une véritable croix. « L'ancien ministre de François Mitterrand déteste que l'on parle de son patrimoine », explique *Le Point*. Signalant en outre que sa résidence provençale comporte un défaut majeur : Jack doit traverser la rue, serviette et maillot de bain à la main, afin de rejoindre sa piscine.

On a beau dire, les lieux de villégiature des politiques, ça intéresse les gens. Les Français ne sont pas assez obscènes pour organiser des *celebrity tours* comme à Hollywood, où des touristes tout crus *made in USA* s'entassent dans des cars pour apercevoir les maisons des stars. Mais quand même, ils se rendent dans tel ou tel village discrètement, juste pour apercevoir une tête connue en train d'acheter son journal. Allez, soyez honnêtes, vous aussi, vous êtes une nation de paparazzis ! Certains villages du Midi feraient mieux d'accrocher des pancartes à l'entrée pour annoncer, plutôt que la trinité « son château, son vin, son marché couvert », le noms des notables parisiens qui y séjournent régulièrement, comme les McDonald qui affichent le nombre de hamburgers vendus dans le monde. Autant la jouer classe jusqu'au bout.

Tous les politiques, qu'ils soient de droite ou de gauche, refont surface fin août pour leur « université d'été », leur nouveau dada, quelques jours de transition décontractés sous prétexte de réflexion idéologique, toujours dans un site agréable. Dès le second jour, les séances de travail se font nettement plus lâches.

Malheur aux politiques qui ne sont pas assez vigilants, car les vacances sont une dynamite qu'il faut manier avec doigté. Jean-Pierre Raffarin, réfugié dans un chalet en montagne lors de la canicule de 2003, ne voyait pas où était le problème. Il avait de l'air frais, lui. Sa désinvolture passa tout juste. Son ministre de la Santé, Jean-François

Mattei, qui parada devant les caméras en polo dans sa résidence du Var, fut encore plus imprudent. Il fut remercié peu de temps après.

Tout le monde n'a pas l'art et la manière de Jack. Un sacré expert, ce Lang ! Désireux d'avoir un peu de soleil au mois de février lui aussi, il trouva la solution récemment : elle avait pour nom Cuba, où il fait 26°C au lieu de 5°C à Paris. L'ancien ministre accepta ainsi une « mission spéciale » de l'Élysée pour « relancer le dialogue politique et la coopération entre la France et Cuba ». À part deux ou trois gloussements dans la presse, personne ne moufta.

Un accord tacite règne, suivant lequel la valeur vacances fait légitimement partie de l'art de gouverner les Français. On a vu Dominique de Villepin expliquer à de jeunes supporters réunis en meeting que « le monde est vaste », à deux doigts de les inviter à s'expatrier plutôt que de bosser pour le pays, ou n'hésitant pas à révéler que son épouse, épuisée après s'être affichée à ses côtés le premier jour du procès Clearstream, s'était échappée à 7 000 kilomètres de distance en Inde, terre de méditation, pour fuir la pression. On compatit, remarquez.

Quant à François Hollande, pour se faire pardonner des vacances en Espagne, on le vit pointer le nez aux comices agricoles annuels de Liginiac, en Corrèze. Au milieu des pèquenauds chaussés de bottes crottées et vêtus d'épais falzars, il avait jugé bon de garder ses atours de Parisien, costume noir et mocassins. Il avait juste tombé la cravate et négligé de renouer les lacets d'une chaussure sur deux, histoire de se mettre dans l'ambiance, sans singer la mise des ruraux ni se couvrir de ridicule, tel Michel Rocard en imperméable citadin impeccable à côté de Mitterrand déguisé en *gentleman farmer*. Mais c'était il y a plus de vingt ans.

Pour qui sait vraiment y faire en politique, ou en com', les vacances peuvent devenir une arme redoutable, presque autant que les sondages et les interviews de complaisance à la télé. Afin d'afficher sa sérénité (donc son innocence) aux yeux de la France entière, il fut très utile à Chirac d'être en vacances et en famille au moment de son renvoi en correctionnelle par la justice française. Une fuite dans la presse révéla que l'ancien Président profitait de « son habituel séjour marocain à l'hôtel de la Gazelle d'or à Taroudant, en compagnie de son épouse Bernadette et de son petit-fils Martin. Avec un programme minimum : un peu de lecture et les doigts de pied en éventail ». La conscience plus tranquille, tu meurs.

Un homme politique qui partage les désirs du peuple n'est jamais pénalisé. Lorsque Nicolas Sarkozy supprima la pub sur la chaîne de télévision publique, on hurla et on se récria contre le fait du Prince. Mais quand François Mitterrand accorda la retraite à 60 ans – une bagatelle de cinq années de vacances supplémentaires – ça passa comme une lettre à la poste.

Mais les temps changent et il est probable que la République ne verra plus un président à même de rivaliser avec Tonton, dont chaque repos était savamment calculé. Ainsi les longues marches à Solutré, un mythe pour tout socialiste digne de ce nom ; les vacances avec Mazarine à Venise, que la presse couvrit d'un voile de pudeur ; ou la retraite au monastère de Sainte-Catherine dans le Sinaï, où Mitterrand, Moïse des temps modernes, alla se réfugier pour mûrir sa décision avant de se présenter pour un deuxième mandat présidentiel. Salut l'artiste, comme dirait Chirac.

Et que dire des chasses présidentielles à Chambord, ces vestiges de la monarchie justifiés comme un signe de rayonnement, puisque on y invite non seulement des hommes politiques français, mais des chefs d'état africains et des industriels ? Elles n'ont rien perdu de leur faste : déjeuner dans la clairière, et le soir, dîner aux flambeaux dans la grande galerie du château. Si Nicolas Sarkozy ne partage pas le goût de de Gaulle, Giscard et Mitterrand pour ces battues régaliennes, il contrôle la liste des invités aussi scrupuleusement que ses prédécesseurs.

Le temps libre ne fait donc plus débat en France. À gauche, on s'abstient simplement de rappeler qui accorda le plus de congés, loin de Guy Mollet qui pouvait vanter sur des affiches, vingt après le Front Pop' : « Vacances pour tous... grâce à qui ? » La droite, elle, est devenue complice de cet état d'esprit, avouant après la débâcle du lundi de Pentecôte qu'une fois octroyé, un jour de repos est impossible à reprendre.

Une dernière anecdote. Invité pour deux jours dans le Lubéron et redoutant les interminables queues devant les comptoirs de loueurs de voitures, je sautai du TGV à Avignon-Gare, le train à peine arrêté, et sprintai jusque chez Hertz, Avis and co pour être le premier. *Yes !* m'écriai-je en silence. Manque de pot, c'est Jack Lang, arrivé quelques instants après moi, qui fut servi en priorité – privilège accordé aux clients réguliers.

Qui pourrait lui en vouloir ? Pas moi. Le bon vieux Jack, parangon du bien-vivre-et-bien-se-reposer à la française, ne sera peut-être jamais le premier occupant de l'Élysée, mais il aura toujours sa place dans le cœur de ses gentils compatriotes.

20

« *Passe tes vacances d'abord !* »

Si Lénine et Trotski avaient été Français, la révolution de 1917 n'aurait jamais eu lieu.

Les célèbres « jours de juillet » qui virent les ouvriers de Petrograd se soulever en masse ? Ne comptez pas sur les juilletistes, déjà au camping. Le retour en Russie du camarade Vladimir Ilitch Oulianov traversant l'Allemagne dans un train protégé par l'immunité diplomatique, pour arriver à Saint-Pétersbourg le 3 avril 1917 ? Pas possible : les vacances de Pâques. Et la Révolution qui commença un 25 octobre ? Désolé, on a réservé pour la Toussaint...

Remarquez, il y a un point positif : Fanya Kaplan, la Charlotte Corday russe, n'aurait jamais cherché à atteindre Lénine avec deux balles un 30 août. Elle aurait été en train de préparer sa rentrée après des vacances trop chouettes.

Un révolutionnaire français, c'est peut-être prêt à grimper sur les barricades, à défier la police en pleine rue et à verser un peu de son sang, mais il ne faut pas que ça coïncide avec les départs. L'audace de l'extrême gauche française consiste non pas à croire qu'on peut faire la révolution dans une nation de consommateurs hébétés dont l'unique souci est de trouver une station d'accueil pour un I-pod, mais de caser cette révolution entre deux périodes de congés. Grattez Bakounine et vous trouverez Bidochon...

J'ai moi-même fait mes études en France à la fin des années 60 et je me suis laissé enflammer par la révolte de mai 1968, participant aux lâchages de pavés devant la Sorbonne, entonnant l'*Internationale* et goûtant de la matraque des CRS (même pas mal !). Mais dès le mois de juin, je vis mes collègues révolutionnaires céder les uns après les autres au chant de sirène des vacances. Ceux que le pouvoir n'avait pas réussi à mater, les congés s'en chargèrent. Sous les pavés, la plage, assurément.

Les choses ont peu changé depuis.

À chaque fin de printemps, les contestataires de tous crins commencent à déprogrammer les manifs, débloquer les facs, ralentir les grèves, bref, à plier bagages, tout en sauvant les apparences, à l'image d'un certain Jacques, enseignant à Paris-IV, « gréviste et manifestant dès le début du mouvement », un dur, un vrai, à qui l'ont doit ce tour de passe-passe qui valait absolution : l'absence de cours depuis plus de trois mois, expliqua-t-il en juin 2009, « nuit gravement à l'avenir des étudiants les moins favorisés ». L'homme ne précisait pas si lui, personnellement, avait plutôt favorisé la plage ou la montagne pour les semaines à venir.

Les ultras du monde universitaire, ces anti-américains qui portent des Converse à 77 euros la paire, scrutent le calendrier scolaire comme un parachutiste sa poignée d'ouverture avant de sauter dans le vide. Une grève de la faim entamée par des extrémistes de Montpellier-II un peu tardivement, un 10 décembre, s'arrêta quelques jours plus tard. On n'allait quand même pas manquer le foie gras des fêtes. « Vacances pour les Che », ironisa *Le Monde*, normalement favorable aux protestataires.

Plus récente, une autre révolte d'étudiants dégonfla très vite à l'approche des beaux jours pour se concentrer sur un détail pratique : les examens. « On refuse absolument que les étudiants soient punis », déclara Monica Michlin, maître de conférences à la Sorbonne. Elle proposa la « validation automatique » du semestre pour tous, une idée qui ne choqua que quelques profs vieux jeu comme Lionel Collet, président de Lyon-I, qui parla de « diplômes bradés ». Ne savait-il pas qu'en France le diplôme à deux vitesses existe déjà, le diplôme des facs bloquées, et celui des pas bloquées ?

Pourtant, les étudiants avaient commencé le 4 février 2009 tout feu tout flamme, avec un appel solennel à la grève « totale, illimitée et reconductible » pour saborder une énième réforme gouvernementale – personne ne savait plus laquelle... ah si, celle qui portait sur le statut des enseignants-chercheurs. Ceux-ci avaient eux-mêmes lancé des « rondes infinies » de protestation autour des mairies. Infini ou pas, tout ça a pris fin... devinez quand ? Vive les vacances, plus de pénitences !

Si les têtes brûlées de la révolution ne résistent pas à cet appel, comment s'attendre à ce qu'ils fassent mieux plus tard avec l'usure du métro-boulot-dodo ? La rédaction de France 2 ne peut plus embaucher tous les anciens militants. Désolé.

Tout se passe comme s'il existait un pacte implicite entre pouvoir et râleurs de tous poils. Le parquet de Paris n'a-t-il pas fait preuve de miséricorde en libérant Julien Coupat, soupçonné d'avoir tripatouillé une ligne de la SNCF, pour le grand bronzage annuel ? Et ces veaux que sont les étudiants non-bloqueurs ? Majoritaires ou pas, ils sont spécialistes du laisser-faire, organisant de temps à autre une contre-manif symbolique, mais plutôt contents de se refiler les polys de l'année et de se retrouver au troquet pour boire des pots payés par papa.

Au fond, une réelle harmonie règne dans le paysage politique universitaire, grâce aux gauchistes, aux anars et autres altermondialistes qui tiennent à leurs vacances comme Sarkozy à la lettre de Guy Môquet. Mériter des congés en même temps que les bourgeois *avant* d'avoir refait le monde ? Et quid de l'obligation de résultat ? Autant de questions qui demeurent sans réponses.

Pour les syndicalistes, la question est plus complexe, car ce sont rarement des naïfs ni de jeunes rêveurs, mais des hommes et des femmes qui turbinent et doivent faire bouillir la marmite. Néanmoins, même chez eux, la militance faiblit à mesure que la météo s'améliore. Ils étaient 1,2 millions le 1er mai 2009 (selon les syndicats), mais 150 000 six semaines plus tard (encore moins selon la police). Une participation « en dessous de nos attentes », confirma Bernard Thibault en promettant « une rentrée en fanfare » comme le veut la tradition.

Les défilés (huit par jour à Paris en moyenne, faut le faire !) n'ont plus grand-chose à voir avec les grèves dures d'antan. Je suis même tenté de me demander si ce ne serait pas une nouvelle façon de se la couler douce. Sûrs de se faire payer leurs jours de grève, les militants s'épanouissent dans les rues tout en affichant un masque de colère sociale. C'est la fête, on se retrouve entre potes, on casse la croûte, on chante, on pleure le bon vieux mur de Berlin, on défile un chouïa – excellent exercice cardiaque. Surtout, on est loin du boulot. Parfois, c'est vrai, il fait froid et gris et il flotte, mais c'est pas pire qu'un mauvais jour de vacances en Basse-Normandie.

Gabriel, un cégétiste que j'ai rencontré lors d'un débat public, hurlerait. Sympathique, il défendait une vision inverse : les manifs comme épreuve de force symbolique, à l'image d'un gouvernement colonial qui envoie un cuirassé pour réprimer une mutinerie d'indigènes, mais sans tirer ni user du canon. Ou comme une pièce de kabuki rituelle où chacun connaît son rôle sur le bout des doigts. « On défile non pas pour réclamer 2 % ou 3 % d'augmentation de salaire, mais pour rappeler au gouvernement qu'on est là. C'est de la médecine préventive, ajouta-t-il. Si on est moins nombreux, juste avant les vacances par exemple, le message ne passe pas aussi bien, du coup on évite cette période. »

J'avoue que cette idée me turlupine. Si Mai 68 avait commencé en avril ou en mars, laissant un plus de temps aux insurgés, aujourd'hui la France serait-elle léniniste, maoïste ou trotskiste ?

21

Le modèle français, du plomb dans l'aile ?

E t si les Français avaient raison ?
Depuis belle lurette, l'Hexagone essaie d'exporter son modèle et son rythme de travail sous le nom de projet d'« Europe sociale », genre, faut bien que nos voisins stakhanovistes lèvent un peu le pied ! Hélas, les partenaires de la Communauté européenne se doutent que la France cherche à tirer la couverture à elle : augmenter le coût de la main d'œuvre des petits copains pour rendre ses produits de nouveau concurrentiels. Vive l'Europe de Jean Monnet, la confiance règne !

À mon humble avis, le risque de contagion à l'échelle mondiale joue aussi son rôle. Imaginez, si les pays en voie de développement se mettaient à l'heure française... Le spectre de quatre milliards de Chinois, d'Africains et d'Indiens avec deux mois de congés annuels envahissant la planète... Ça fait un peu froid dans le dos... Deux ans de préavis pour réserver une chambre d'hôtel, Bison Futé à l'échelle mondiale dès la fin du mois de juin, et une rentrée littéraire monstre, 40 000 romans au moins, dont un seul qui se vend, le Nothomb.

Plus sérieusement, que fait l'État pour que le modèle français trouve des émules dans des pays mieux « adaptés », les États-Unis, au hasard, où l'on a très peu de congés ? On connaît les investissements financiers pour que la langue de Molière rayonne et retentisse au-delà des frontières : l'Organisation internationale de la francophonie, les bourses pour étudiants étrangers, les agences pour promouvoir la chanson, la productions livresque et télévisuelle, le pinard, le parfum, le fromage, sans parler de la chasse aux faux sacs Hermès, tout ça aux frais des contribuables. Bientôt les consulats du Quai d'Orsay seront de vulgaires boutiques. Mais pour vendre les congés payés à la française, que fait-on ? Bonjour, la mission civilisatrice !

Pas de ministère du farniente, pourtant Dieu sait qu'il s'en crée des ministères et des secrétariats d'État. Le dictionnaire Robert a été pillé pour trouver les appellations les plus ronflantes : solidarité, famille, co-développement, identité nationale, développement durable, services, consommation, intégration, prospective, négociations, relations sociales, et solidarité « active » pour la distinguer de la première. Mais un ministère de la Glandouille ? Rien.

Heureusement, dans notre démocratie d'outre-Atlantique, quelques esprits éclairés pour qui la civilisation française reste un phare suivent de près votre actualité. Enfin, on commence à deviner la naissance d'un lobby pro-vacances à Washington, même s'il ne s'agit encore que de l'« esquisse de l'esquisse », pour citer le regretté chef de la diplomatie Michel Jobert. Fer de lance de ce mouvement francophile, Anders Hayden, auteur de *Partager le travail, sauver la planète*, qui prétend que la moitié des Américains accepteraient une réduction de salaire contre plus de temps libre. Ou le consultant en management Ron Healy, qui martèle qu'une semaine de 30 à 40 heures permettrait de réels gains de productivité. Quant au théoricien John de Graaf, il a essayé de motiver des millions de forçats du travail que nous appelons *wage slaves* en affirmant : « Ne craignons pas de travailler moins longtemps. » Rappelons que depuis 1938, la semaine de 40 heures est la norme outre-Atlantique, norme dont la durée de vie est presque aussi longue que celle de l'esclavage.

Ils ont du pain sur la planche, ces courageux réformateurs. L'éthique protestante veut qu'un homme soit jugé pour sa contribution au PNB et non pas, comme en France, pour son art de faire la meilleure mayonnaise. Une étude très sérieuse de l'université de Harvard a montré que seul un homme américain sur 100 000 sait faire monter un jaune d'œuf, une cuillérée de moutarde et de l'huile ; j'ajouterais qu'il s'agit sans doute des quelques veinards qui ont passé un an à la Sorbonne au cours de leur lointaine jeunesse. Des progrès restent à faire.

Pour l'instant, la seule « avancée sociale » d'ampleur en matière de vacances, on la doit plutôt à la crise des subprimes : les employeurs du privé et du public ont recours aux congés forcés afin d'éviter des licenciements en masse. *Stricto sensu*, appliqué au Nouveau Monde, le modèle français est, disons, *lost in translation*, car ces congés ne sont jamais payés. En Californie par exemple, 235 000 fonctionnaires ont été contraints à deux jours par mois chômés et non rémunérés en 2009, et depuis cette même année, l'hôtel de ville d'Atlanta, en Géorgie, est désormais fermé le vendredi, ce qui signifie 20 % de baisse de salaire pour ses employés. En guise de consolation, le président Barack Obama a loué « la générosité des salariés qui ont accepté la réduction de leur temps de travail pour sauver l'emploi d'un collègue », comme s'ils s'étaient portés volontaires, les bougres.

Rares sont mes concitoyens qui optent d'eux-mêmes pour des heures de travail en moins. Sur les 10 500 fonctionnaires du comté de Suffolk de l'État de New York à qui l'on a également proposé des congés non payés en 2009, seuls 115 l'ont choisi, de quoi sauver cinq postes seulement. *Time is money*, et les Américains préfèrent de loin le second terme.

Et si l'exemple venait du cœur du système, de la Maison-Blanche ? Pour son premier Noël de président, Obama avait choisi de passer dix jours à Hawaï sous prétexte de retrouver ses racines. Ceci dit les électeurs ont jugé ce saut dans le Pacifique malvenu en pleine crise économique. Barack s'effondra dans les sondages.

D'autres chefs d'état avant lui avaient déjà tenté d'instaurer un rythme un peu plus parisien, toujours sans succès. John Kennedy était en vacances dans la très chic station balnéaire de Hyannis Port quand les Soviétiques commencèrent à construire le mur de Berlin. George Bush père se reposait dans la résidence familiale de Kennebunkport quand Saddam Hussein envahit le Koweit. Et Bill Clinton se détendait à Martha's Vineyard quand Al-Qaïda attenta à deux de nos ambassades en Afrique. Quant à George Bush Junior, bien décidé à profiter de son immense patrimoine familial, il voua ses deux mandats à soutenir malgré lui le modèle français. Incompris en France, certes, il a pourtant pris plus de 500 jours de repos en huit ans, battant allègrement le record de Ronald Reagan (436 jours). Quand l'ouragan Katrina dévasta la Nouvelle-Orléans il hésita longuement à interrompre ses vacances.

Alors verra-t-on un jour l'archiduchesse américaine sachant chasser et se reposer comme en France, et enfin se sevrer de la mayonnaise industrielle la plus dégueu du monde ?

22

Vies mode d'emploi

Les Français ont-il besoin de tant de vacances ?
Au pays des 35 heures, la question n'est jamais posée. Mon cher pays d'adoption a pourtant la densité de sociologues au kilomètre carré la plus élevée du monde. Alors, posons-la, cette satanée question !

À mon avis, le problème des Français c'est qu'ils ne connaissent rien à l'art de se reposer en pleine journée. Ce que j'affirme là n'est pas scientifique, mais fondé sur la seule observation que je mène depuis quinze ans que je vis parmi vous. Pas étonnant. Dès la maternelle, l'Éducation nationale martèle qu'un jour de la semaine est un jour où chacun doit souffrir, s'alimenter et dormir, point barre. Le mercredi excepté, bien sûr. Une fois le bac en poche, les études bouclées et la carrière lancée, c'est le patron qui prend la relève, pressant ses employés comme des citrons – métro, boulot, dodo –, certes dans le cadre du Code du travail (mercredis compris). Ainsi, de semaine en semaine et d'année en année, le salarié gaulois accumule la fatigue comme Julien Dray les montres de luxe.

Pour étayer ma thèse et la soumettre à l'épreuve des faits, j'ai mené une petite enquête de terrain préparée grâce à l'aide de deux amis travaillant dans le secteur privé, l'un Français, l'autre Américain. Tous deux m'ont permis de les observer au cours d'une journée ouvrable ordinaire, visites aux toilettes exceptées.

Jean-François, quadra travaillant pour un cabinet d'audit et habitant dans la région parisienne, se réveille vers 7 h 00. « Je resterai bien au lit un peu plus longtemps, mais les enfants doivent aller à l'école », explique-t-il. Jean-François et sa famille écoutent vaguement Europe 1 en prenant le petit déjeuner, mais la journée commence très vite. Vers 8 h 45, notre salarié arrive à son bureau dans le huitième arrondissement de Paris, après une rude bousculade dans le RER A bourré à craquer.

Outre-Atlantique, Hank travaille depuis presque 30 ans comme administrateur dans une université privée de l'Ohio. Il se lève plus ou moins à la même heure que Jean-François, car même si les enfants ont grandi et quitté le foyer, le trajet en voiture de sa banlieue à son lieu de travail lui prend 45 minutes en moyenne. Hank et Annie partagent céréales et gaufrettes surgelées et réchauffées au micro-onde en regardant le *Today Show* sur le petit téléviseur de la cuisine.

Pour Jean-François, la journée est assez chargée. Il doit bientôt rendre un rapport sur cinq dossiers importants. Il disposerait d'une bonne semaine, voire deux, pour achever ce travail, mais la famille part à la fin de la semaine pour les vacances de Pâques. La date de remise du rapport est donc avancée. « Heureusement, ce matin je n'ai pas de réunion », se rassure-t-il, et il peut se consacrer aux dossiers en question après avoir serré la main et fait la bise à une dizaine de collègues, comme le veut la tradition française.

Quant à Hank, la première partie de sa journée se passe sans surprise ni urgence. La présidence de l'université demande qu'on justifie le devis de rénovation d'un immeuble, mais Hank n'est pas stressé. Il sait faire, c'est son boulot. « On bosse quand même assez dur parce que l'université est privée. Mes collègues de Ohio State [l'université publique de la région] ont la vie plus facile, je ne te le cache pas. »

Mais lorsque Sue, secrétaire, se pointe vers 10 heures avec une boîte de viennoiseries, une tradition dans les bureaux américains, Hank peut facilement s'accorder quelques minutes pour déguster un beignet au chocolat. Pour quelles raisons les Américains appellent-ils ces gâteaux des *Danish* (pâtisseries danoises), personne n'a jamais su me l'expliquer. « Je sais que je ne devrais pas en prendre tous les jours, c'est pas génial pour ma santé, mais un jour sans *Danish*, ce serait trop triste », sourit Hank.

À Paris, je suis surpris de voir que Jean-François n'a pas le temps de déjeuner correctement. Il fait un saut dans une sandwicherie, avale vite fait bien fait un *chicken wrap* (si, si, vous êtes bien en France !), un jus d'orange, le tout bouclé par un café bien serré. Nous sommes dans une galerie commerciale, les gens s'affairent, font leurs courses ou traversent pour aller prendre le bus ou le métro. L'atmosphère est tout sauf apaisée.

Hank, lui, déjeune tout bonnement assis à son bureau, dégustant un sandwich au pain bio préparé par sa femme et lisant le dernier numéro de *Sports Illustrated*. Difficile d'imaginer une ambiance plus détendue que celle du bureau de Hank. Une dizaine de collègues rigolent et échangent des blagues du niveau cour de récré toute la journée, à un tel point que je me demande si leurs emplois ne sont pas fictifs.

Retour à Jean-François. L'après-midi est encore moins relax. Deux réunions lui bouffent pas moins de trois heures.

Je lis sur son visage son angoisse : il doit absolument finir ce rapport avant de partir quelques jours plus tard. « Pas question de travailler pendant les vacances. C'est une question de principe », insiste-t-il. Cela implique de rester au cabinet jusqu'à l'heure du dîner, voire au-delà, ce qui n'est guère exceptionnel chez lui. L'atmosphère du bureau est propice au travail, sérieuse, voire austère. On n'en attendrait pas moins d'un cabinet d'audit.

À partir de 17 heures aux États-Unis, on ne travaille plus. La meilleure preuve ? Le film intitulé *9 to 5*, avec Jane Fonda. Le fait est que Hank s'apprête à partir quelques minutes avant l'heure. « Je te signale qu'il est bientôt 17 heures et qu'on ne nous paie pas d'heures sup' ! » lui lance Jim, le patron, en guise d'au revoir.

« T'inquiète pas, je n'en ferai pas ! » rétorque Hank.

Tous deux s'amusent à ce genre d'échange depuis des lustres, semble-t-il. Sur ce, Hank quitte son bureau pour être rentré avant 18 heures. Une fois chez lui, il se lave les mains, prend place à table, et sa femme sert le dîner (encore des surgelés) qu'ils consomment en regardant le journal télévisé.

Voilà la grande différence entre les deux emplois du temps : l'heure du retour chez soi. Les cadres hexagonaux travaillent souvent très tard, ce qui explique sûrement l'encombrement du périphérique parisien jusqu'à 21 heures. Mes collègues journalistes à Paris me confirment du reste qu'on trouve toujours du monde dans les ministères après 19 heures. Inversement, un fonctionnaire à Washington encore à son poste après 17 heures serait immédiatement soupçonné par le FBI de traîner et de photocopier des secrets d'État pour le compte de Moscou – ou pire, de Paris.

« Quand j'étais invité à un barbecue chez un collègue américain, c'était pour 17 heures, carrément, s'étonne encore Christian Menanteau, ancien correspondant de RTL à Washington. Et le *sky watch* (point hélico sur la circulation) à la radio commençait à 15 h 30 ! »

Même le temple de la finance mondiale, Wall Street, s'arrête à 16 h 30 pour que les *golden boys* puissent aller se défouler dans les bars dernier cri et comparer les plus-values engrangées. Les traders de la Bourse à Paris doivent attendre la fermeture à 18 heures.

À 17 h 30, alors que le salarié gaulois se débat encore avec son patron, la plupart des Américains sont rentrés chez eux. À 18 h 30, quand le personnel des restaurants dînent en France, le repas du soir est fini aux États-Unis (sauf chez quelques snobs francophiles de la côte est qui se mettent à table à 19h). Résultat, les Ricains disposent de toute la soirée pour vaquer à leurs occupations préférées, tels les trois « B » : bowling, bridge & back yard (jardinage dans le petit carré derrière la maison). Quant à Hank et sa femme, ce soir-là, ils iront au centre commercial ouvert « 24/7 » (7 jours sur 7 et 24 heures sur 24) pour acheter de nouvelles chaussures à Hank. Puis ils s'offriront un dessert glacé avec des amis croisés au Häagen Dazs du centre : une soirée américaine typique, comme un petit repos quotidien.

Jean-François rentre chez lui à 20 h 30 (« rien d'exceptionnel », m'assure sa femme Lydie). Il aura à peine le temps de dîner en famille et de regarder un peu la télé ou de bouquiner quelques pages avant de s'écrouler de sommeil. Il ne remettra jamais en cause ce rythme fou car il y est habitué depuis toujours. La journée d'un écolier français est également la plus longue d'Europe.

J'ai raconté l'emploi du temps de Jean-François à Hank qui n'a pas attendu pour s'écrier : « Diable ! Et toutes ces manifs, à quoi ça leur sert ? »

Et Jean-François de réagir en apprenant le quotidien de Hank : « En vérité, les Américains sont dix fois plus tire-au-flanc qu'on le dit. Avant d'ajouter : Au fait, c'est quoi, les *danish* ? »

23

L'enfer des maisons de campagne

« Chéri, tu sais quoi ? Le petit a déjà un an, ça serait bien qu'il puisse s'aérer un peu le week-end, non ? »

Confortablement assis un soir dans mon fauteuil préféré, je me pris la proposition en pleine tronche, comme un homme qui vient d'être condamné à la guillotine. Elle émanait de ma chère épouse qui parlait, bien sûr, de l'incarnation suprême du repos selon les Français, l'enfer qui consiste à expédier d'honorables pères de famille tous les vendredis soir ou les samedis matins sur les autoroutes : autrement dit, direction la maison de campagne.

Je priai le Ciel : pourquoi moi ? Pourquoi ce martyr, pire que les flèches qui mutilèrent le corps de saint Sébastien ? J'ai déjà subi Venasque, Marrakech, les plages de Paros, sans parler des innombrables courses-suicides en taxis, des rançons payées aux hôteliers arnaqueurs, des fortunes laissées en pourboires... Pourquoi moi ?

Pour ceux qui ne le savent pas, les Français sont les champions des résidences secondaires, soi-disant le lien sacré avec la terre de leurs ancêtres. Foutaise ! Une seconde maison, pour les 20 % de la population qui en possèdent une, n'est autre qu'une manière de prolonger les vacances toute l'année, une façon pour les citadins de s'offrir l'occasion de lever le pied 52 fois par an, voire plus si affinités.

À combien de dîners en ville n'ai-je pas dû assister où la conversation tournait autour de deux sujets exclusifs : comment cuisiner tel ou tel petit plat, et comment trouver un artisan formidââââble pour refaire le toit d'une bicoque, ou poser des tuiles sublîîîmes en terracotta ? La barbe ! Je m'en fous !

« *Omnia Gallia in tres partes divisa est.* » Le fait est que la Gaule se divise en trois tribus : les sans domicile fixe, les nantis propriétaires d'une résidence secondaire (et parfois tertiaire), et la majorité, qui se contente d'un seul logis. Je confesse que, m'estimant très heureux dans cette dernière catégorie, j'ai commencé par faire la sourde oreille à la proposition de ma femme.

Hélas, celle-ci, déterminée, augmenta la pression au cours des semaines suivantes, en inondant notre appartement parisien d'exemplaires de *Belles Demeures* et autres revues de déco. Bientôt elle découvrit une émission sur France 5 intitulée « Question maison », qui donnait toutes sortes de conseil de rénovation permettant de rêver alors que défilaient de magnifiques images de restaurations réussies. Voyant que tout ça n'avait aucune prise sur moi, elle se mit à bouder, lâchant çà et là de délicates allusions, comme savent le faire les femmes, à un éventuel boycott, genre *Lysistrata* d'Aristophane : « Pour mettre fin à la guerre, refusez-vous à vos maris », vous voyez ce que je veux dire... Entre les magazines, l'émission et les douces menaces, je me suis senti coincé, acculé. J'ai cédé.

Nous commençâmes les recherches au sud de Paris, et à ma surprise, je trouvai l'exercice pas si désagréable que ça. C'est étonnant. Essayez de louer un studio riquiqui dans la capitale, on vous regarde comme un escroc, un sans-papier en puissance, et vous êtes obligé de fournir des dizaines d'attestations et de feuilles de paie. Inversement, il suffit de vous déclarer acheteur dans une agence de province, et on vous ouvre grand les portes de toutes les maisons à vendre dans le coin, 4 000 mètres carrés de terrain minimum, sans demande de garantie aucune. Vous avez droit à des égards exceptionnels et on vous regarde comme quelqu'un de bien, une personne au pedigree irréprochable.

En quelques mois, nous visitâmes longères, fermettes, chaumières, maisons avec colombages plus anciens que les États-Unis, habitations rénovées ou pas rénovées du tout et « à rafraîchir ». Très vite, j'appris à jouer le rôle du futur propriétaire sérieux, maîtrisant le vocabulaire des bourgeois et la grammaire des possédants, posant des questions d'averti sur le raccordement des égoûts, le chauffage, la toiture et la distance de la déchetterie la plus proche.

Autre effet inattendu de cette quête : mes amis parisiens s'y intéressaient presque plus que moi. Certains téléphonaient pour me demander : « Comment ça va, tu as trouvé ? » J'étais devenu un réel sujet d'intérêt, entre curiosité et sollicitude sincère.

La campagne en France fait rêver. À chaque maison visitée, je m'imaginais déjà allongé dans un transat dans le jardin en été, ou sur un bon canapé devant le feu de bois en hiver (le bois étant trois fois moins cher qu'à Paris). Pour moi, scribouillard, l'isolement serait idéal : pas de télé, pas d'Internet, et parfois pas de portable car de nombreux villages sont hors réseau et la communication avec le monde moderne dépend de ce vieux truc relié par un fil, bientôt feu le téléphone fixe – entre nous, voilà qui fit reculer ma femme, accroc à son I-phone. Loin des villes, la vie serait plus vraie et la qualité de vie tellement meilleure, me surprenais-je à songer. De bons villageois, de vrais enfants, qui restent enfants, des voisins prêts à se rendre utiles, des produits fermiers vendus par les éleveurs...

Cela dit, non seulement cette recherche était un réel investissement en temps et en énergie, mais je découvrais peu à peu la vérité : les propriétés que vous proposent les agents immobiliers sont presque toujours celles qu'ils n'ont pas réussi à vendre à d'autres pigeons. La plupart sont des maisons que l'on imagine avoir été pleines de charme, mais qui ont souffert avec le temps, souvent à cause de rénovations intempestives. De bonnes vieilles tomettes du cru remplacées par des carrelages *made in Italy*, motif « soleil toscan au lever ». Des cheminées carrément supprimées en faveur d'un chauffage central au fuel. Des papiers peints qui donnent la nausée. Des cuisines campagnardes refaites avec des parodies de placards rustiques achetées chez Conforama.

Autre détail, auquel mon âme sensible répugnait : quand vous visitez une maison habitée, vous avez l'impression de violer la vie privée des gens qui y habitent ou y habitèrent. Souvent, c'est une vente après un décès, et l'on imagine déjà les souffrances et les derniers râles qui s'exhalèrent dans des pièces intouchées depuis la disparition de l'aïeul. Personnellement, j'entre dans la chambre du défunt comme dans le décor de *Psychose*. Un fantôme semble toujours planer dans l'air.

Ou c'est un divorce qui a obligé à mettre en vente. En bon capitaliste, je devrais en profiter pour faire baisser le prix car en général il y a urgence. Mais j'ai rarement les tripes pour négocier. Nous visitâmes un jour une jolie maison située dans un hameau non loin de Nemours (58 minutes de Paris par l'A6, me fit observer l'agent). Le couple propriétaire était présent pour nous guider mais la tension conjugale vibrait dans l'air, chacun se tenant à distance l'un de l'autre, lâchant çà et là un petit commentaire vengeur et perfide à destination de l'adversaire. *Kramer contre Kramer*, version française et années 2000.

La maison incarnait cependant ce qui avait été leur amour : ils étaient touchants, fiers de chaque mètre carré. Partout l'on sentait le goût de l'authentique, de la pierre, du bois, des matériaux nobles et de la maçonnerie que les Français maîtrisent si bien. Je ne pus m'empêcher de m'émerveiller à voix haute comme un planton américain découvrant des lambris dorés. En outre, Mme Richard, vendeuse enthousiaste, nous racontait l'histoire de chaque pièce.

Mon admiration était sans doute excessive et, croyant trouver preneur, elle me fit une confidence : « Vous êtes pratiquement le premier à visiter la maison alors qu'on est en vente depuis presque un an. »

Pour autant, il restait beaucoup à restaurer : une troisième chambre inachevée, et derrière, deux pièces aussi vastes que la galerie des glaces à Versailles. Même le roi aurait hésité devant l'ampleur des travaux.

Mme Richard me téléphona à plusieurs reprises après la visite, adoptant à chaque fois un ton plus intime, plus caressant, plus complice. *Desperate Housewife*, elle me raconta sa vie, ses chagrins, ses espoirs (de vendre). J'imaginais une Emma Bovary cruellement endettée.

« Rodolphe, c'est moi ? » allai-je jusqu'à m'interroger un jour.

Peu après ce fut une autre maison et un autre vendeur, beaucoup plus détendu, dont la conversation et la culture me fascinaient. Denis m'initiait à l'histoire de la région, et j'aurais pu l'écouter pendant des heures. Mais sa maison avait été mal entretenue depuis vingt-cinq ans au moins et elle ressemblait à ces demeures qu'une armée d'occupation réquisitionne pour y loger ses troupes. Le système électrique datait de la Troisième République et les fils pendouillaient. Des tuyaux en PVC dont Denis m'expliqua longuement l'origine sortaient des murs. Le prix, 190 000 euros, ne faisait pas frémir, mais les travaux, si.

Au fil de nos déambulations, comparant les régions et les villages, nous nous trouvâmes parfois au cœur d'anciennes rivalités. Nos recherches avaient commencé dans la région de Milly-la-Forêt. Au centre de ce sympathique village un tantinet bobo (plus bourgeois que bohême...), je rencontrai un certain Jean, Parisien ayant quitté la capitale pour se ressourcer 70 kilomètres au sud. Trouvant les prix un peu élevés à Milly, je lui dis que je pensais regarder du côté de Puiseaux, à une demi-heure en voiture. Aussitôt Jean m'avertit solennellement.

« À Puiseaux, ils sont lourds, je te préviens. »

Plus tard dans la journée, je discutai avec Françoise, agent immobilier dans le village en question, et lui demandai son avis sur Milly-la-Forêt.

« À Milly, ils sont vraiment tordus », déclara-t-elle.

Il ne manquait plus que les guerres de religion.

Entre-temps, mes amis parisiens n'arrêtaient pas de m'inonder de conseils. Jérôme, bricoleur toujours en quête d'un nouveau chantier, me mit en garde. « Personne ne gagne de l'argent avec une maison de campagne. Tu dépenses une fortune pour la retaper et finalement tu la revends à perte. » Il était formel. Cela me refroidit un peu.

Un autre ami qui, lui, vit tranquillement à la campagne toute l'année, David, alla me chercher l'historique de sa maison achetée en 1977. Le prix de vente avait quadruplé. Je ne savais plus qui croire.

« Cherche dans l'Orne ! insista un troisième copain. C'est vallonné ! » Je lançai une recherche sur mon ordinateur dans ce département, pour des maisons entre 100 000 et 250 000 euros, et n'obtins pas moins de 4 000 résultats...

Agacée par mon flottement, mon épouse m'accusait : « Tu aimes bien chercher, mais tu es infoutu de te décider parce que tu es flatté qu'on te prenne pour un type friqué. » Il est vrai qu'en visitant des maisons inabordables par rapport à notre budget, je sentais que je devenais la bête noire des agents, le touriste immobilier. Jusqu'au jour où ma folie des grandeurs finit par en prendre un coup.

J'étais dans le bureau de Françoise et feuilletais des brochures, quand brusquement un cinquantenaire super bien sapé, polo Lacoste et pantalon sans un pli, fit irruption avec une certaine arrogance, tel Sarko débarquant pour une conférence de presse. L'agente me lâcha sans mot dire pour s'occuper du nouveau venu. Pendant quelques instants (la Mercedes continuait à ronronner dehors), elle fut aux petits soins pour lui, lui offrant un café, un digestif, ou même, s'il avait un petit creux, un saut chez le pâtissier d'à coté. Tout juste si elle ne lui proposa pas de lui cirer les pompes. C'était qui, ce parvenu ?

Une fois l'intrus parti, je demandai, un chouïa ironique, si ce visiteur faisait son shopping pour un château.

« Pas un château, mais une vraie grande propriété. C'est un acheteur qui n'a pas besoin de la clause de résiliation de la loi Scrivener. Il paie comptant », répondit Françoise avant de poursuivre par une longue explication sur les multitudes de compromis de vente annulés faute de financement bancaire.

Tel un Rmiste parcourant les pages de *Gala,* je sentis monter en moi une rage et une jalousie atroces. La lutte des classes à l'état pur. À quoi sert l'impôt de solidarité sur la fortune si les nantis peuvent se pavaner en crachant sur la loi Scrivener ? pestai-je en silence.

Et voilà, j'étais devenu le râleur impénitent que je raillais si souvent moi-même. En outre, la visite de toutes ces grandes demeures, avec souvent pas moins de quatre chambres à coucher, mettait en valeur l'exiguïté et l'absurdité de ma vie de citadin à Paris. Je vivais dans un placard, c'était clair.

Autre danger se profilant à l'horizon : mon épouse adore chiner chez les récupérateurs de « matériaux originaux ». Traduction : des cheminées à 6 000 euros, des boiseries hors de prix... Une révélation me frappa comme sur la route de Damas et je me vis acheter une vieille bicoque pour passer le reste de ma vie à restaurer une authenticité mythique et définitivement perdue. Non merci !

Peu de temps après je croisai Marie-France, une voisine, dans l'escalier. Je lui confiai mes doutes. Son visage s'assombrit sur-le-champ...

« Aller plutôt en gîte ! déclara-t-elle. Les maisons de campagne, c'est bien au début, après on finit par y aller par devoir. Il y a toujours un pépin, une urgence, et arrivés à un certain âge, les enfants n'ont plus envie d'y aller, du coup il faut vendre. »

Un propriétaire moyen ne passe que 44 jours par an dans sa résidence secondaire, lis-je un jour dans le journal.

« Et si on allait une semaine à Bangkok ? » proposai-je à ma femme, qui se jeta à mon cou de bonheur.

Les numéros de *Belles Demeures* disparurent, bientôt remplacés par des livres de cuisine thaï. Et je me promis de renouer avec la campagne le jour où, moi aussi, je pourrais cracher sur la loi Scrivener.

24

Le goût des autres

Que Dieu bénisse Mme Dutraud !

Cette charmante dame était propriétaire de la chambre d'étudiant que je louais quand j'étais jeune à Gentilly, dans la banlieue parisienne. Généreuse et compatissante, elle refusait systématiquement que je paie mon loyer au mois d'août. « Le mois d'août en France, c'est pour les vacances et rien d'autre ! » insistait-elle, aussi radieuse à l'idée des congés payés que rigoureuse dans sa défense des principes de la République. Pourtant elle savait que je n'avais pas les moyens de partir. C'était les années 1960, et pour le jeune Américain que j'étais, je n'aurais pu tomber sur meilleure ni plus émouvante introduction au modèle français. Ce fut la première – et la dernière – fois qu'une femme, toutes nationalités confondues, a refusé que je la paie.

L'image du Français honnête, courtois, croyant à la valeur de l'impôt républicain et partant gaiement en vacances, seul véritable plaisir de l'année, est restée gravée dans mon esprit depuis cette époque. C'est une image indélébile qui conserve le parfum de quelque chose de bon, très bon, comme un rêve devenu réalité. Je revois Bourvil dans *Le Corniaud* (1964) chargeant sa valoche dans sa 2 CV et interpellé par sa concierge pour savoir s'il va à Carcassonne comme d'habitude. Et Bourvil de répondre, fier comme Artaban : « Non, cette année je descends en Italie ! » Dans son sourire se lit l'épanouissement des millions de ses compatriotes. OK, c'était une autre France, celle des tours de France où Anquetil et Poulidor se talonnaient, une époque où l'on se chauffait avec le gaz de Lacq. N'empêche, cette courte séquence avec Bourvil demeure pour moi l'image d'une nation vacancière mais bosseuse, loin de la banalisation du temps libre.

Aujourd'hui, cette envie d'ailleurs semble avoir envahi toute la vie et toute l'année. Même chez lui, un Français peut oublier le turbin en s'évadant grâce aux émissions « Thalassa », « Ushuaia », « J'irai dormir chez vous », « Échappées belles », « Fourchette et sac à dos »... Ou avec « Là où je t'emmènerai », le petit billet qui chaque soir nous fait découvrir la destination de rêve d'une star : l'Argentine avec Bérénice Béjo, la Loire avec Alain Souchon... Une manière de répondre au désir d'évasion (à défaut d'avenir) de tout un peuple, ce qu'Alain Juppé appelle la « tentation de Venise ».

Chaque pays a ses documentaires sur les destinations exotiques, certes, mais en France ils passent en *prime time*. Dans mon Amérique à moi, il faut se lever à trois heures du matin pour y avoir droit. Ajoutez à ces escapades télévisées l'engouement pour les courses de voile, la Transat, le Dakar, les épopées autour du monde, les traversées en solo... et on ne peut manquer de s'interroger. D'où vient cette aspiration partagée à l'échelle nationale ?

Au siècle dernier, un sociologue de l'université de Harvard, Laurence Wylie, s'est posé la question – et a fourni une réponse. Il a passé l'année 1950-1951 à observer les Français dans le village de Roussillon, au cœur du Lubéron.

L'universitaire nota qu'un seul film attirait tous les villageois à la séance de cinéma hebdomadaire. *Marius*, tiré du livre de Marcel Pagnol, un long métrage pourtant vieux de presque vingt ans, et que tout le monde avait déjà vu et revu. L'assistance semblait particulièrement joyeuse lors de la projection de ce film. Pourquoi *Marius* ? Le talent de Raimu incarnant César ne suffisait pas à expliquer cet engouement, car les autres films où l'acteur avait la vedette attiraient moyennement les spectateurs.

« *Marius*, c'est tellement ça ! » répondaient unanimement les habitants de Roussillon quand Wylie les interrogeait.

Le sociologue finit par conclure que l'attrait majeur du film était le thème du départ, exprimé par Marius en personne quand il confesse : « Partir... n'importe où, mais très loin. Partir... » Obligé de choisir entre la mer ou une femme, Marius, joué par Pierre Fresnay, opte pour la première, libérant derechef tous les bons citoyens de Roussillon.

« Ce film, expliquait Wylie, répond au besoin de personnes qui se sentent prisonniers des contraintes sociales de partir le plus loin possible, d'oublier les difficultés qui consistent à s'entendre avec les autres [...] sans consolation du côté de la religion [...] dans une société où chacun doit chercher à se soulager individuellement. »

La France provinciale de Wylie a changé, bien entendu, et le pittoresque Roussillon survit non plus comme un vrai village, mais comme un haut-lieu du tourisme et un bastion de résidences secondaires de nantis aixois et parisiens. Ceci dit les conclusions du sociologue américain me semblent toujours justes. Les vacances expriment un profond désir intérieur.

Quiconque réussit à s'évader, y compris provisoirement comme le convoyeur de fonds Toni Musulin, devient un héros en France. Il n'est que de voir la réaction des internautes quand Musulin se rendit à la police. La plupart laissèrent exploser leur déception. « Petite frappe ! Fallait pas te rendre, enfoiré ! » « Tu nous a quand même fait rêver ! »

Il n'est pas donné à tout le monde de pouvoir dérober plusieurs millions en espèces, mais des quantités de Français, surtout les jeunes, rêvent de gagner le gros lot à chaque départ en vacances, histoire de voir si leur vie pourrait basculer, comme pour Amélie Poulain. Les vacances telles que les rêvent les Français sont le plus grand casino du monde où l'on jette les dés... et qui sait ? Peut-être le grand amour ? Dans un dessin de Kiraz, j'ai vu la pétasse parisienne renversée par un playboy en voiture de sport sur la promenade des Anglais n'exprimer qu'un regret : « Il fallait que ça m'arrive le dernier jour des vacances ! » Bourvil, lui, n'oubliera jamais la belle Allemande rencontrée sur sa route en Italie. Les vacances sont la source de tous les espoirs et de toutes les illusions.

Aujourd'hui, c'est la promesse des altermondialistes de vivre « autrement » qui semble réalisable pendant cette période de temps. Libéré des contraintes, on peut enfin obtenir tout ce qui paraît inaccessible le reste de l'année : appeler des presque inconnus par leur prénom, dévoiler un peu de sa vie privée, quitter le cocon protecteur de l'État-providence, sauter le repas du dimanche en famille. On laisse derrière soi son quotidien, comme un évadé des Baumettes sa cellule trop étroite.

Voilà des années, j'étais sur un ferry-boat en pleine Adriatique quand une famille française assise à la même table que moi m'offrit gentiment de partager sa bouteille de vin, et nous fîmes connaissance. Ce geste fraternel ne serait jamais arrivé en métropole où le code veut qu'on feigne d'ignorer son voisin. Il est donc possible d'assouplir les camisoles de force liées aux exigences d'une société où l'on entend les mères marteler à leurs enfants : « Ça ne se fait pas ! »

Bien des Français oscillent entre ces deux personnalités – un jour c'est noir, un jour c'est blanc – suivant qu'ils sont en vacances ou pris dans la routine de l'année. Une amie, Aude, qui habite un pavillon de la banlieue parisienne me raconte volontiers les amitiés qu'elle noue lors de séjours à l'étranger (assorties de quelques aventures), mais cette même jeune femme, si libre et ouverte, ne connaît pas le nom de son voisin qu'elle salue pourtant depuis quinze ans. « C'est le "voisin" », admet-elle en toute simplicité. La spontanéité, on la garde pour les vacances, quand les règles de conduite trop strictes sont suspendues. Alors on se permet d'être plus joueur, plus allant, plus prêt à tout, et qui sait, on ose le tutoiement.

Pour certains, les échappées par procuration, type *Marius*, sont la seule libération possible. Une auditrice habitant la campagne téléphona lors d'une émission d'Europe 1 à laquelle je participais pour raconter qu'elle avait décidé d'aller au cinéma seule dans une ville voisine, mais hélas, quelqu'un de son village l'avait repérée. « On a tout de suite dit de moi que je menais une double vie, que j'avais un amant... expliqua-t-elle, encore blessée d'avoir été espionnée. Le mois d'août ne vient jamais trop tôt », conclut-elle.

Autre constatation : les Français qui partent en vacances semblent enfin se délester des vieux clivages politiques qui les divisent, bien plus qu'en Amérique. Versaillais contre Communards, républicains contre monarchistes, anticléricaux contre cathos... ces lignes de partage disparaissent plus ou moins sous le soleil de l'été. Incroyable mais vrai, la France devient un pays consensuel.

En dépit de ce désir d'évasion, ce besoin de « foutre le camp », il faut peut-être approfondir l'analyse de Wylie en relevant un paradoxe. La France est un pays d'immigration, rarement un pays d'émigration, sauf en des périodes exceptionnelles : après la révocation de l'Édit de Nantes, pour fuir le STO de Hitler, ou de façon moins glorieuse, échapper à l'ISF. L'Europe a vu partir les Johnson, les Schmidt, les O'Leary et les Pontini en Amérique, mais pas les Dupont, ou très peu.

En 1859, le *New York Times* s'étonnait (s'offusquait même) que l'émigration française de l'année ne comptât que 9 004 âmes, « à peine un ruisseau », disait joliment le quotidien. Rien par rapport au nombre d'Allemands partis d'un seul port français. Vos ancêtres regardaient donc les autres s'en aller, mais sans les suivre.

« On vit quand même super bien chez nous ! » s'exclama un soir une amie que j'avais invitée à dîner. Qui dirait le contraire ? Mais ce cri du cœur, maintenant que j'y pense, me semble exprimer un besoin de se rassurer à une époque où l'on ne cesse d'évoquer les « modèles » étrangers. Le vacancier quittant l'Hexagone (le pourcentage a doublé en 35 ans) répondrait-il à une impression de séquestration, de frustration, la même que celle qui fait vivre vos psys toute l'année ?

France 2 propose même une émission intitulée « Tout quitter pour changer de vie », où Jean-Luc Delarue invite les gens à raconter pourquoi la métropole ne leur suffit plus. Lydie et François, restaurateurs, se sont installés au Sénégal. Nathalie et Denis sont partis avec leurs deux enfants pour vivre sous une tente en Amérique du Sud. « Je plains les Français qui ne prennent qu'un mois et demi de vacances par an ! » lâche Denis. Ces Français rattraperaient-ils ainsi deux siècles de retard en émigration ? En tout cas ils font rêver leurs compatriotes scotchés devant leur écran plat dernier cri.

Appelons ça la « tentation Route 66 », d'après le nom de cet infini ruban de goudron construit en 1926 entre Chicago et Los Angeles. Un mythe absolu ici, long de presque 4 000 kilomètres, sur lequel il y a eu presque plus de documentaires en France qu'aux États-Unis. J'ai même vu une chambre d'hôte baptisée « Route 66 » en pleine région poitevine !

Malgré les angoisses liées à l'immigration qui nourrissent le Front national, malgré une peur démesurée de la mondialisation qui profite aux nationalistes de tous poils, les Français ont une réelle curiosité pour le monde, dont le culte des vacances me semble plus le produit que la source. Ici, par exemple, on ne craint pas la cuisine d'ailleurs, contrairement à l'Italie ou l'Espagne. On trouve toutes sortes de restaurants exotiques dans les grandes villes, et à Paris, même de vrais restaurants américains. La cuisine de l'oncle Sam comme si vous y étiez ! C'est dire.

Tout en hurlant son exception culturelle, les Français regardent l'Autre avec beaucoup moins d'appréhension que les Américains. En décembre 2009, copiant sans vergogne la tradition de l'hebdomadaire américain *Time*, *Le Monde* inaugura le choix d'une « personnalité de l'année ». Premier lauréat : le président brésilien, Luiz Lula da Silva.

Tout ça pour m'expliquer l'exclamation si spontanée de Mme Dutraud il y a quarante ans : « Le mois d'août en France, c'est pour les vacances et rien d'autre ! »

25

Le mot de la fin

« Tout est possible ! » proclamait Marceau Pivert, ancien leader de la SFIO, qui voulait exhorter le Front populaire à aller plus loin après la naissance effervescente des congés payés. La suite des événements lui donna raison puisque la France est devenue championne mondiale des vacances. Des deux semaines initiales, elle a progressé jusqu'à un minimum de cinq semaines, plus pour beaucoup, et la retraite à partir de 55-60 ans pour des millions de gens heureux.

Si la tendance se prolonge, la France accèdera d'ici quelques dizaines d'années à ce Nirvana jamais atteint par une civilisation moderne : permettre aux citoyens de consacrer plus de temps à faire l'amour qu'à travailler. Chapeau !

Mais si les congés payés, qui ont leur coût, s'avèrent être les subprimes de la France, une bulle tellement gigantesque qu'on n'arrive à peine à la discerner de l'extérieur... ? Le dogme, partagé à gauche et à droite, veut que les jours de congés, une fois donnés, sont irréversibles, comme le lundi de Pentecôte. La France serait donc coincée. Pour tenir leur rang, les autres pays peuvent toujours bosser plus, l'Hexagone, lui, est condamné éternellement, tel Sisyphe, à se cogner dans les gares et s'énerver sur l'A6 toutes les six semaines.

Dans toutes les capitales d'Europe, y compris Paris, on commence à penser que, vu la dette nationale qui augmente, le glas a sonné. Face à la décision du Danemark (avec le concours de la gauche danoise) de retarder l'âge de la retraite à 67 ans, le syndicaliste Jean-Claude Mailly s'indigna, refusant une telle régression pour ses compatriotes : « Les gens n'ont pas envie de bosser 41 ans. » D'accord, mais les Danois, en avaient-ils vraiment envie ? Quand on a sous les yeux les chiffres de la démographie, peut-on encore demander aux gens leur préférence ? Inch'Allah !

M'est avis que les Français méritent des vacances plus longues et plus fréquentes que les autres. Pourquoi ? Parce qu'être Français, c'est un boulot à plein temps, 24/7 comme on dit chez nous en Amérique. Contestation, fiscalité, patrons voyous, démarches administratives, accusations et démentis, gardes à vue, voitures brûlées, thèses de complots, une vie politique turbulente et trépidante certes, mais parfois un peu épuisante. La lecture d'un **quo**tidien ici, il y a des jours où ça m'épuise, je le confesse.

Et que dire du fardeau historique de la Révolution que vous portez sur vos épaules depuis plus de deux siècles ? Vos ancêtres se sont révoltés pour faire baisser le prix du pain, explique l'historien Albert Soboul, mais certains idéologues en ont profité pour vous coller un cahier de charges assez lourd : droits de l'homme, Lumières, civilisation, égalité... Lassant, en somme.

Pas étonnant que le médiateur de la République, Jean-Paul Delevoye, trouve la société française « fatiguée psychiquement ».

Un dernier point. J'ai essayé tout au long de cette enquête de garder une objectivité et un flegme anglo-saxons. C'est raté. Vous aurez compris par la lecture de ces pages que l'auteur assume son préjugé personnel contre les vacances, qu'elles se passent sous forme de rando, de glisse, en festivals ou visites de musées. Le pire étant incontestablement la plage. J'en ai connu qui étaient constituées de 15 % de mégots et de 85 % de sable fin, cette dernière substance étant, du reste, pire que l'autre car elle vous colle partout pendant des mois. En outre, le bord de mer me fiche éperdûment le cafard : le port d'un maillot de bain convient à moins de 3 % de la gent humaine ; la plupart d'entre nous n'avons guère avantage à exhiber nos ventres en dôme d'eskimo, nos mollets ramollis, nos dos voûtés, pour ne rien dire des seins qu'il vaudrait mieux cantonner au domaine de la seule imagination.

Recentrons-nous sur notre problématique principale : les vacances sans fin qui marquent la vie des Français finiront-elles par faire de vous les gagnants ou les perdants du nouveau siècle ?

Ma réponse : tout est possible !

Table